三民書局

正念奇蹟手札

覺察生活 ──── 寫出平靜與幸福的禮物書

台灣正念工坊
TAIWAN MINDFULNESS CENTER

正念減壓創始人卡巴金
親自推薦的正念機構

執行長　陳德中　監修

師資群　吳碧娟　施玟瑄(Odi)　蔡佩真　著

前言

我們正處於充滿不確定的年代，世界局勢的變幻，遠在你我的掌控之外。然而，正是在這樣的時刻，我們更需要一份內在的平靜。幸運的是，「正念」已經悄然成為現代人尋求身心平衡的一把鑰匙。正念，或說當代正念，它的原文是 Mindfulness，在歐美可泛指一套身心修練的系統，名詞上的定義約為「有意識的『覺知』當下身心與環境，並保持允許、非評判的態度。」

或許你對正念還感到很新鮮，或許你已讀過正念書籍，或許你已上過正念課程，其實台灣正念工坊就提供了可完整學習的正念減壓八週課程，那麼，為何我們還要推出這本書？又為何你會需要它呢？

因為，它非常特別：不僅是談概念的書，而是一本正念生活「手札」，旨在為不同階段的讀者提供指引。對於未曾接觸者，它是一扇探索正念世界的大門；對於已完成正念課程的畢業生，它提供了在生活中保溫、深化及擴展的機會；對於有特定需求的讀者，它更是個能陪伴練習的好朋友。本手札的重點在**各式練習、日常應用及正念書寫**，涵蓋的範圍從基礎學習到工作和人際，透過在每個主題後的書寫空間，記錄自己的練習狀態和心得，從而加深內在覺察與感悟。

我要特別感謝三位作者，她們的用心和細膩使這本手札成為可能。三位分別在醫療界與教育界有豐富經驗，而且都受過台灣正念工坊的專業師資培訓。更重要的是，她們對正念的生活練習及手札書寫特別有體會，因此特邀其來執筆。成稿過程中，我發現每位都

帶有獨特的觀點和深度，不只是分享知識，更分享了自己的經驗和心得，賦予了這手札無可比擬的價值。

這本正念手札的書名有「奇蹟」二字，最初是出版社的建議，但我也覺得挺好，就像著名的一行禪師所言：「當我們在正念中向大地踏出每一步，感知自己正走在這不可思議的地球上時，這樣的時刻，存在本身就是個絕妙的奇蹟。」* 其實，生活的點點滴滴，只要用心體會，每一天每一刻，都有其獨特的奇蹟等待我們去發掘。

使用這本手札的過程中，大家可試著用正念來練習書寫，全心投入書寫的過程，感受紙筆的觸感，也陪伴自己的心情，不為交作業，也沒人會評價你，純粹為自己而寫，也只寫給自己看，它是專屬於你、既私密又神聖的空間。

而對我來說，這本手札是一份心意，也是一份禮物，我會選擇將它送給珍惜的朋友，希望他們也能從中獲得啟示和平靜。也期待這本手札能陪伴你，在你探索生命的道路上，提供方向與支持。即使因為生活忙碌而暫停練習，也可以隨時重新開始，每一次的書寫都是一次新的旅程。甚至，多年後當你再次翻閱時，它仍將帶給你不同層次的洞見和溫馨。

讓我們一起，在正念陪伴下，活出每一刻的奇蹟。

台灣正念工坊執行長 陳德中

2023 年 10 月 31 日

作者序

　　回顧自己初次參加正念減壓八週課程，最沒印象的部分就是正念態度，但多年後面對各種挑戰時，它們卻為我帶來很多「啊！原來我可以……」的奇蹟時刻，這奇蹟，就是發現我們原來已有，但忽略已久的能力。

　　然而，我是歷經多年才陸續體驗到各個正念態度的奇蹟，因此，很期待有套系統化的正念態度學習方式，而非讓學習者等待偶然領悟的機緣。

　　本手札正是以上述理念撰寫而成，邀請你與我們一同練習，寫出屬於自己的正念奇蹟！

吳碧娟

2023 年 10 月 30 日

　　「正念真的幫助我很多！但老是沒有時間練習」，這個正念減壓學員常見的心聲，也是我初學正念時曾有過的困擾。

　　透過這些年的嘗試以及粉專的寫作、梳理，逐漸釐清練習其實毋須刻意，只要有意願，正念將發生在生活中的任何時刻。

　　「正念是人與生俱來的能力；實踐正念，是一輩子與自己的美好邂逅。」祈願這本書為你帶來豐盛的旅程，無論在生命哪個階段、身處什麼境地，相信你都能夠藉由日常實踐，淘洗出幸福的金沙。

施玟瑄 odi

Odi 粉專

2023 年 10 月 30 日

送給您最珍貴的禮物是什麼？我想是「Mindfulness」吧！

　　無論是對您以正念相待，還是藉由承載著 Mindfulness 的這本練習書，分享練習的方法、在生活中運用的故事，都願接收到這份禮物、這本書的您，透過嘗試書中的練習，感受 Mindfulness，不僅僅是安住自己的心，也更勇敢、慈愛的面對世界，然後，就在這一吸一呼之間，您會有更多的發現。祝福您！

李姵真

2023 年 10 月 21 日

使用説明

手札架構

這本手札總共包含 3 個 Part、12 個心態與行動，以及 52 個正念練習項目。

透過 3 個 Part，我們將與你分享正念的核心觀念，並引導你從正念的基本練習方法開始，學習觀照自己的內在狀態，培養專注與覺察的基礎及習慣，進而循序漸進的將這份專注與覺察，開展至周遭的人事物中。

12 個心態與行動則闡述正念練習建議保有的態度、欲培育的特質，以及我們精選的生活應用行動，包括溝通、陪伴與分享等面向。

52 個正念練習項目，則將上述的核心觀念、態度和行動等，化為可實際操作的方法，讓你可以透過清楚的步驟，將無形的心法落實在日常生活的每個角度。

值得注意的是，每個心態與行動的後方，都承接了 4 至 5 個正念練習項目，然而，並非僅限從這些練習項目來培育或進行。我們所提及的所有心態和練習項目，彼此之間都是相輔相成的。這樣的概念，在這本手札中我們會反覆闡明。

最後，我們有個小禮物想送給你。本手札後方蝴蝶頁有兩款小卡，這是一對時光膠囊。Before the beginning（寫在開始之前），在打開手札前，留下一些期望、書寫這本手札的動機、現在的心緒

及想法，或任何想要記錄的事情；After the end（寫在結束之後），在結束時，你有什麼想說的呢？也許是改變，也許是對更以後的自己的留言。

期待透過這樣的編排方式，能讓你輕巧的跟隨手札的引導，一點一滴強化正念專注與覺察的能力，並將正念融入生活，成為滋養自己、他人和這個世界的禮物。

練習原則

我們設計的 52 個練習項目，搭配 52 週的時間，可以陪伴你走過一整個年度，逐步培養正念專注與覺察的生活習慣，並將正念融入日常生活當中，成為你內在的滋養。

這本手札不含月分和日期，無論你在哪個時刻開啟，都能安心的跟隨著手札的安排，開始練習。本手札亦無使用期限，可重複使用，52 個練習都完成後，可再重新練習一輪，觀察第一輪與第二輪有什麼不同，甚至可年復一年持續練習。

在正式進入手札的引導之前，想與你分享幾個練習的原則：

1. 52 項正念練習，建議每週練習一項。

2. 你可以按照我們安排的順序練習，但如果你對任何一週的練習感到猶豫，可以自由選擇跳過，或挑選其他適合你當下狀態的練習項目來進行。

3. 你可以根據自己的狀況，以及每個練習項目的特性，決定當週你想練習幾天。

4. 練習的時間和字數並不是最重要的，關鍵在於練習的過程中，學習專注、覺察，以及好好照顧自己。

5. 每項練習中，我們都會提供練習方法和步驟，然而，無論你在練習之中觀察到什麼，或是觀察不出什麼，都是自我陪伴與覺察的一部分，請允許任何發現，也允許自己空白。

6. 各練習的記錄表僅供參考，你也可以用自己喜歡的格式或工具，記錄練習的觀察和發現。

溫柔提醒

在你即將運用這本手札展開正念練習之前，我們想給予一些提醒和建議：

1. 本手札無法替代正式的正念課程，也不具有療效

本手札所引導的正念練習項目很多元，包含了正念的基礎練習方法，以及生活化的應用練習。我們希望這本手札可以陪伴你提升專注力、自我覺察力，並帶來平靜、自信與喜悅。

然而，此手札的內容難以涵蓋當代正念課程的深度與廣度，也不具備醫療效果，如有需要，仍應諮詢專業的醫療人員。

2. 練習過程中，可能出現情緒海浪

你可能會遇到一種狀況：對於你在練習過程中所覺察到的身體感受、情緒或是想法，出現排斥、厭惡甚至懼怕的反應，恨不得跟它們保持一段距離，甚至最好不要與它們有任何接觸。

當遇到這種狀況，可以先把注意力拉回到一個令你安心的目

標，例如注視眼前的盆栽、觀察自己的呼吸起伏或捏捏雙腿。你可以在心裡對自己說：「我感到不舒服，辛苦了！但不用擔心，我現在是安全的。」

這絕對是一個艱難的時刻，光是能在這股不舒服的情緒下穩住自己就已經是很不容易的事情。在這個當下，你可以選擇暫停練習並稍作休息，讓情緒海浪自然的釋放能量，我們就像海底與礁石，即便駭浪拍打，內在依然穩定、接納、包容。

情緒海浪可大可小，當浪頭過去，而你也還有餘裕繼續練習時，可以輕巧的回頭接近剛才那些令你不舒服的感受，也許只是偷偷瞥一眼或遠遠的看都可以。

但有些情緒可能已經超出你能掌握的範圍，也就是有股快要失控的感覺時，建議先放下眼前的練習項目，換做其他練習。這不是逃避，乃是因為身心自有其療癒的步調，「放下」是基於尊重身心步調所做的決定。只要在你真正感到安全、放心、舒服以及想回來的時候，再回來就好。

好好照顧自己，也是本書的重要練習。

台灣正念工坊成立了臉書社團：「正念、靜坐、靜心、冥想｜交流討論區」，歡迎自由加入，分享你的手札使用感想和正念練習心得，如果你在練習過程中有任何問題，也歡迎在社團中交流討論。

正念奇蹟手札
——覺察生活，寫出平靜與幸福的禮物書

Part 2

正念的覺察面向　　83

Part 3 整合：從覺察到行動　243

什麼是正念？

正念，mindfulness，意味著我們能夠如實的覺察當下此刻的內外在狀態，並對此不加以評判，保持單純的留心覺知。

它幫助我們更全面的理解自身處境、重新看待我們與周遭的關係、找出合適的方法解決困境，從而培育生活的智慧。

這份能力人人都有，也從未失去，只是我們常會不自覺陷入腦袋裡的各式想法，例如計畫、評論、遐想、回憶等，而另一層次的正念覺察較容易被忽略，久而久之，我們就無法從觀察中得到重要的啟發或洞見。

支持正念覺察力發展的要素

正念覺察力的生成，仰賴一些先決條件：它關注的焦點必然是「當下」，透過「專注」而能持續。正念覺察時，僅僅是「與之共存」，先不做任何反應和改變。此外，有許多重要的態度協助我們培育和維持正念，例如「初心」可以作為所有練習的出發點，為日復一日、平凡無奇的生活添加新鮮與趣味。

我們會在 Part 1 的各個段落依序說明「初心」、「專注」以及「存在（又稱臨在或同在：當下，與之共存）」。其他重要的態度會於 Part 2 說明。

讀到此處，你可能會覺得：要做的事看起來挺簡單，但卻不知從何開始！這種心情，我們完全了解。不必擔心，最一開始，我們安排了輕薄短小且生活化的練習，讓正念的「感覺」開始進入生活，就算只是一瞬間，已經是很好的開始。

祝福你～

──PART 1──
正念
初體驗

初心

　　初心，即「第一次的心」，指我們在生活中第一次接觸各種人事物時的心情：新鮮的、開放的，充滿無限可能。

　　你的生命中經歷了哪些第一次呢？大如婚喪喜慶，小至日常的食衣住行。舉幾個例子：第一次上學、第一次喝咖啡、第一次搭飛機或火車、第一次去同學家玩、第一次約會、第一次面試……，或者你有一些自己生活經驗特有的好例子。回想看看，這些初次嘗試的經驗，有什麼畫面烙印在心中？身體留下哪些感受？你可能會發現，首次經驗往往顯得特別鮮明，但如果頻繁重複，印象便不再那麼深刻，例如：每天喝咖啡的人，想不起來上週五的那杯咖啡是什麼味道。此外，我們看待事物的觀點常常混入過往累積的經驗和評判，這些先入為主的想法會蒙蔽發現「新的可能性」的機會，從而失去好奇心。或許你會覺得，生活中隨時用初心的眼光看待事物，似乎有些刻意。但事實是，**天地萬物隨時都在改變**。

　　初心並不是刻意的想像，而是世界的「本來面貌」。我們自己、身邊的人和外在環境，無時無刻不在成長、變化著，我相信你也會同意，今天早上的這杯咖啡，與昨天那杯是不同的。當我們保有「初心」，我們將可以更開放的體驗當下的分秒經驗，事情因此鮮活，生活更添趣味。

　　好的，本書的「第一個」練習即將要開始了，無論你是否學習過正念，且讓我們帶著初心，開始吧！

練習 01

品味食物

飲食，是重拾初心的好方法之一。它是我們非常熟悉的活動，卻也因為這份熟悉，往往忽略了它：嘴巴在吃東西，注意力卻在手機或其他事物上。

這個練習即是邀請我們放下其他活動，讓「品味食物」重新成為主角。一次一事、全心全意的品嘗。雖然是曾吃過的食物，但就好像第一次接觸那般，發掘各式各樣的新體驗。

以下將透過不同的身體感官來品味食物：**視覺、觸覺、聽覺、嗅覺、味覺**。你可以一口氣閱讀全部的引導並練習，或將不同感官分開，逐項練習，即使一次只練 1 至 2 種感官也沒有關係。依照自己喜歡的方式即可。

時間需求

10 分鐘以內，或是好好聞一聞香氣、閉眼咀嚼幾下。

物品準備

一種常吃的食物，最好可以用手拿取（例：果乾、堅果、水果），但若想要選用湯品飲料，或使用餐具也可以。

觀察面向

① 視覺：觀察形狀、顏色，從不同角度、光線、遠近觀察。

② 觸覺：用手觸摸，有怎樣的質地、溫度、紋路、軟硬、濕度？

不方便觸碰的食物，也可以觸摸餐具、器皿。

③ 聽覺：如果你願意，可以將食物湊到耳邊，有什麼聲音？這麼做或許有點滑稽，但某些食物如汽水，真的有氣泡的沙沙聲。此外，也可以捏、敲、搖，有什麼意外的發現？

④ 嗅覺：湊近鼻子，如何形容它的氣味？帶給你什麼聯想？或勾起某種心情？

⑤ 味覺：將食物放入口中。先含住，感受其溫度、軟硬、味道、形狀。再一口一口的咬，留意咀嚼時的口感、味道有無變化？

貼心提醒

① 觀察內容不限於上述所提，請盡量發揮創意，像在玩遊戲！

② 理想上，可以每日選擇一種食物，如果沒有足夠時間，你可以在正餐裡取幾口，或是只練習幾種面向就好。

③ 過程中的發現可能有好有壞，可能是全新感受或者一如往常，都沒有關係。

④ 如果你練習的那一餐，有家人或朋友與你共度，可以把覺知範圍擴大，除了食物本身，也好好留意他們，讓心和他們同在吧！

練習

日期	食物種類／餐點	我的發現

練習

日期	食物種類／餐點	我的發現

本週回顧

一週練習後，有什麼心得與發現？

練習 02

身體掃描

在學習身體覺察的所有練習中，**身體掃描**是基礎練習之一。透過專注留意身體的各部位，可以幫助我們發現身體的各式狀態，可能是痠、麻、脹、痛，也可能是舒適、放鬆。身體的狀態與感受會影響我們的念頭及想法，同時，念頭及想法也會影響身體的狀態與感受，例如頭痛讓我們難以專注考試，便湧起擔心考得不好的想法；這個負面想法造成壓力，頓時又感覺到頭部緊緊的。

身體掃描只需單純陪伴內在感覺，不用去改變或消滅什麼，也不須期待什麼特別狀態。開始練習的初期，將注意力像掃描器輪流專注在身體的各個部位時，有些人容易昏沉、想睡覺，那也沒有關係，專注力本來就需要培育和練習，溫和而堅定的持續，並且為自己挑選一個比較合適的時機來練習就好。

時間需求

每次 15 至 20 分鐘，每天練習 1 次。

物品準備

蓋毯或毛巾、墊子或椅子。

觀察面向

在練習時，我們著重在客觀如實的覺察觸感等（而不是視覺）身體感受。當注意力集中在身體某些部位時會特別有感覺，有

些部位則感受不明顯，如果感覺不明顯或沒感覺都無妨，重點
是觀察的過程，保持好奇的初心。

建議步驟

① 可以採取坐姿或瑜伽的大休息仰躺，需要的話可蓋上薄被或
毛巾保暖。

② 先從留意腹部的起伏開始，接著感受身體與墊子／椅子的接
觸面。

③ 再將注意力移到左腳腳掌、腳跟或腳趾，感受與襪子、空氣
等的觸感，客觀如實的觀察即可。

④ 身體掃描的部位順序如下：

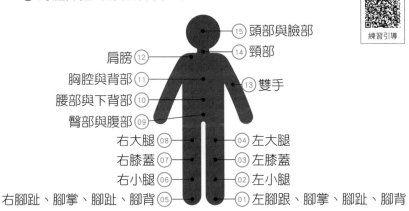

練習引導

⑤ 身體部位掃描完後，可以先停留幾秒鐘，感覺一下身體整體
的感受，再轉身側躺，張開眼睛後緩慢坐起身，完成身體掃
描的練習。

貼心提醒

① 如果因為身體不適，可以採取側臥或身體可放鬆的姿態。

② 擔心過程中不小心睡著的話，可以在大休息式時彎曲雙腳，讓身體保有一點警醒。

③ 練習的初期容易睡著，清醒後可試著接納、了解身體的需求，不評判自己的昏睡。再練習一陣子，會有更多發現。

練習

每天練習 1 次，完成請塗滿

1	2	3	4	5	6	7	ing

記錄 1 次印象深刻的練習，日期：

● 在下圖標示出身體部位的感受

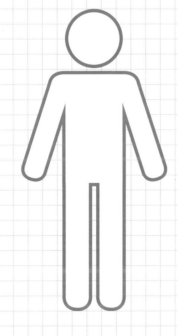

練習

- 練習後的心情

- 練習後的發現或想法

本週回顧

一週練習後，有什麼心得與發現？

練習 03

沐浴刷牙

　　利用平常沐浴或刷牙的時候做正念練習，不僅省時，也很有趣。這是我們一天當中少數以自己的身體為主角進行的活動，若能以正念多加觀察，會有一些意想不到的發現，同時也是照顧自己的好方法。

時間需求

約 5 分鐘，沐浴或刷牙的時候順便進行。

觀察面向

① 沐浴：浴室的光線、水氣的流動、水聲、洗浴用品的氣味和觸感、身體各部位的觸感（軟硬、平滑或粗糙）、沐浴前後身體的感受和精神有什麼不同⋯⋯。

② 刷牙：牙齒的外觀（形狀、顏色和排列）、刷牙或漱口時的聲音、口腔或牙膏的氣味、手的動作和力道、刷牙的順序和方向、用舌頭檢查刷牙前後齒面的觸感是否不同⋯⋯。

練習

練習項目清單

A 沐浴　B 刷牙

日期	練習項目	我的發現

練習

日期	練習項目	我的發現

本週回顧

一週練習後，有什麼心得與發現？

練習 04

日常生活

你是否想過，一天當中我們的眼睛、耳朵、鼻子、舌頭、身體到底接收了多少的外在訊息和刺激呢？如果立刻回想，又有哪些還留在記憶中呢？

正念練習雖然不涉及記憶鍛鍊，但當我們保持正念，並刻意留心各種感官發現，之後回想時也會較有印象。

這一週，我們仍先把重點聚焦在五感（視覺、聽覺、嗅覺、味覺、體感[1]）的覺知體驗上，但是擴大練習的場域，日常的任何時刻：穿衣、搭車、看手機、澆花、運動、等電梯、做家事，都可以是練習機會。

剛開始可能不太習慣，也許需要花費更多力氣來集中注意力，也許會一下突然湧入太多資訊。為了安全考量，最初請先避免在有危險性的活動項目（例如：開車）中練習。當習慣以正念覺知面對日常活動的各個面向後，再慢慢將這類活動納入練習。你會發現，日常生活的任何事情，若有正念陪伴，回憶將變得較清晰，我們也能更明確的篩選、留意重要資訊，減少意外發生。

時間需求

10 分鐘以內，任選一種活動觀察。

觀察面向

日常活動中的視覺、聽覺、嗅覺、味覺和體感。五感不一定同時有發現，留意你覺察到的即可。

貼心提醒

讓我們抓住每一個讓生活更清晰的機會吧！保持「初心」，平凡無奇的日常也能創造精彩的回憶。

練習

日期	日常活動種類	五種感官的發現

練習

日期	日常活動種類	五種感官的發現

本週回顧

一週練習後，有什麼心得與發現？

═══ 初心視界 ═══

契機

　　幾年前，還不懂什麼是「正念」，但出於好奇且開放的心，在一場講習中，第一次被帶領 40 分鐘的身體掃描，閉上眼將注意力放在身體感受，細細的感覺身體部位的狀態，充滿疑惑和想嘗試的心，有些發現也有些茫然，卻又乖乖的依照指令想著「知道就好」、「觀察它、接納它」……，就這樣直到體驗結束，輕輕的張開眼睛，不只是眼前一片亮白，更覺得自己好像「被打開」某種開關，彷彿眼前的這個世界是新的一樣，多了一種難以形容的清新、平靜，和微微的喜悅。第一次有這樣神奇的感受，於是，我開啟了「學習正念之旅」。

覺察

　　自從開始學習正念減壓課程，經典的吃葡萄乾體驗是最能開啟「初心」感受的活動了！明確、簡單而踏實的體驗了視覺、聽覺、觸覺、嗅覺、味覺以及心理感受，仔仔細細的，好像用在吃食的每一個感官都被重新運用，不只覺得新奇，更有種頓悟：原來只要用心仔細的運用感官，一粒葡萄乾也可以帶來豐富的感官享受！

　　從葡萄乾的體驗學習，運用到生活當中的每一個部分，包括沐浴、潔牙、整理環境等，細細的去體察每一個使用到的感官帶來的覺知和感受，像是潔牙時覺知刷毛、牙膏、泡泡與牙齒、牙齦、口腔的觸感、味道，來回刷動的滑順度，齒間細縫的清淨或結石……。竟然發現生活當中有很多的樂趣，過去怎麼沒有發現？每一次在生活中嘗試正念體驗，都

像是「第一次」做一樣，帶來一種新奇感、富足感、滿足感。於是，放下手機的時間越來越多、抬頭看看周邊環境的時刻越來越多，即使是什麼都不做的看著房間裡的一件家具，觀察它的顏色、形狀、紋路，甚至觸摸質感、聞聞氣味，然後覺察當下的心裡的感受，勾起當初為什麼喜歡或選擇這件家具的原因，再次感受到眼前的這件家具帶來的純粹與回憶，重新愛上這件家具，重新愛上自己所處的這個空間，只是幾分鐘，心情變得輕鬆、感恩、愉悅。生活，好像這樣就夠了！

轉變

除了對於物品、美食、服飾等，有這樣「第一次」的覺察和感受外，比較特別的是跟人的互動，我也有了蠻大的轉變。原本不是很有耐心聆聽他人說話，甚至會插嘴打斷對方，還自以為理解和聰明（現在回想起來，都想給自己翻白眼了）！就在將正念運用在傾聽之後，竟然覺得傾聽他人說話是件輕鬆又極其有趣的事情，甚至，幾個朋友回饋我說，明明跟我聊天的 1 小時裡，有 59 分鐘都是她在說話，但卻覺得我治癒了她，這到底是什麼魔術？（是正念啊，親愛的！）我想，用初心來面對世界，正念當下，人生好似新生！

專注

　　回想一下，拍照或錄影時，會經過哪些程序？

　　專注力練習如同攝影，一定有**對準**和**抓住**目標（按下快門）兩個動作。剛開始練習時，專注力可能如同拍攝單張相片，只能注意到正在吸氣或呼氣，越來越熟練後，就能如同錄影機，觀察呼吸的進行過程，例如：氣息的長或短、如何吸氣或吐氣、氣息經過何處、溫度或濕度等。

　　還有另一種專注力，類似監視錄影機，專注的目標是範圍，而非特定事物。如同練習 21「拓展覺知」步驟①之「開放式覺察」，不是觀察特定事物，而是觀察哪些事情會引起我們的注意；而能注意到多少事物，取決於自己的覺知範圍（鏡頭視角）有多大。

　　專注和覺察，是正念的兩大訓練重點，兩者相輔相成。專注幫我們對準目標，覺察則提高解析度，讓我們看清目標的真實樣貌。

　　想像一下，如果我們任由其他事物分散注意力，會是什麼景象？例如：工作時想遊玩、休息時想工作、邊走路邊滑手機，或是醫療人員救治病人時卻分心其他事情……。

　　因此，專注力，除了給予我們當下所需的效率或平靜外，也保障安全。另外，也有研究顯示，人們高達百分之四十七的時間未專注在眼前的事物，而分心和幸福感呈強烈負相關，因此，遊蕩的心，是不快樂的心！

　　幸好，專注力可以透過正念練習逐漸強化，當我們發現注意力飄移時，只要一次次將注意力拉回目標上，聚焦的速度就會越來越快、越來越密集、越來越清晰、專注的時間越來越久，身心也會更加清淨、穩定和幸福。

本文參考資料請詳註釋 [2]。

練習 05

三口呼吸

　　這是個刻意將注意力停留在呼吸上的簡短練習，從中可以體驗，當我們將注意力拉回到自身並集中於一處時身心的變化。

時間需求

　　3 次呼吸的時間。

練習時機

　　除了睡覺，這個練習可以在任何時刻和場合進行。它可以作為忙碌生活裡轉換心態、休息和安頓的契機；你也可以選擇在上班前、工作告一段落、重要活動開始前、電梯裡或者踏進家門前進行。

建議步驟

① 如同相機對準拍攝目標，將注意力對準自己的呼吸：選擇一個可以明顯感受到呼吸的身體部位做觀察，例如鼻孔前方氣流的進出、胸口或腹部的起伏。

② 如果在安全且令人放心的空間，可以輕閉眼睛。

③ 進行三口呼吸，過程中盡量讓注意力停留於觀察部位上。

④ 留意且歡迎任何觀察到的發現。

貼心提醒

① 如果當下的呼吸不順暢，也許是因為緊張、生活步調緊湊或

疼痛，試著尊重呼吸原本的樣子，暫時先「不必努力」改善它。當然，如果是因為空氣不流通、氣喘發作或其他疾病，請先照顧好身體後再回來練習。

② 如果三口對你來說不夠，想要多練習幾口，可以順著自己的需要繼續下去！也可以參考練習 09「呼吸觀察」，會有 3 至 5 分鐘的呼吸觀察練習。

練習

日期	練習時機	我的發現

練習

日期	練習時機	我的發現

本週回顧

一週練習後，有什麼心得與發現？

練習 06

正念行走

　　請試著回想自己平時走路時，注意力通常在哪裡、腦中有哪些念頭、步伐快或慢？身體的姿勢、動作如何？腳步移動時，腳掌或鞋底是否離開地面？

　　正念行走，是最容易將正念融入生活的方式之一，別人看不出我們正在練習，我們卻能清楚感覺自己的變化，特別是專注力越來越密集的過程，以及體驗何為「身在哪裡，心就在哪裡」。

　　以〈專注〉（頁 28）的攝影比喻行走的專注程度，則每次專注時如同拍攝一張照片，一般行走可能在出發、抵達某處或被某項事物吸引注意力時按下快門，照片之間是不連貫的畫面，彼此可能距離幾分鐘或幾小時；練習正念行走時，注意力聚焦在兩腳的轉換，拍攝的照片是左腳及右腳；當專注力越來越密集，就如同在一次腳掌提起和放下的過程又連續拍了好幾張照片。

　　當專注時刻連續不間斷時，便如同從靜止畫面轉為電影般的連續影像，並且還有很多畫面以外的訊息：不單只注意到腳掌從離地、提起、向前、放下、觸地到放平等動作，還可以留意到移動時重心的轉換，及每寸皮膚、肌肉、骨頭的變化和所有感覺。

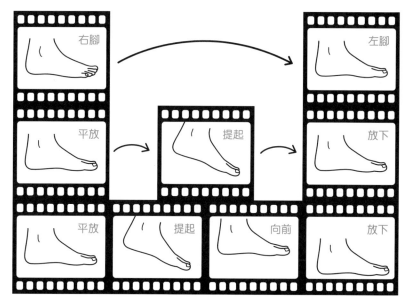

圖：專注力密集程度與拍攝張數的關聯

　　當注意力能完全跟上行走的全程動作，心其實無暇分神到晚餐吃什麼、什麼事沒做完，於是，走著走著，心也會慢慢安靜下來。

　　本週透過正念行走培養密集專注力及體驗「身在哪裡，心就在哪裡」，也將是練習 07「立姿伸展」和練習 08「正念學習、正念工作」的重要基礎。

時間需求

　　長短不拘，每天至少 1 次。

　　可融入生活中，於需要行走時練習（請參考觀察面向①：生活

練習），或是如同靜坐及身體掃描，特地安排時間，在一個空間來回行走（請參考觀察面向①：正式練習）。

空間準備

適合行走的安全空間，室內或戶外皆可，例如房間一端到另一端、房間到客廳、辦公桌到飲水機、走廊、陽臺、騎樓、公園步道。

觀察面向

① 依練習情境，選擇適合的行走速度和觀察目標（例如：左右腳切換、腳掌提起或放下）：
- 生活練習：可以注意身體的移動，或留意正在移動的左腳或右腳，也可以觀察視覺、聽覺、嗅覺和觸覺等感官。
- 正式練習：可以觀察左右腳切換，也可以嘗試更密集的觀察，例如腳掌正在提起、放下、重心轉換，或觀察移動時的皮膚、肌肉、骨頭、呼吸、心跳等變化和所有感覺。

② 除了觀察前進或轉彎等移動外，也可以觀察站立的感覺。

③ 分心時，留意是什麼帶走注意力，再溫柔的將注意力帶回觀察目標。

④ 觀察自己有無行走的慣性？例如姿勢、動作、速度或其他。

⑤ 留意身心是否一致？例如心中默念右腳，移動的卻是左腳？

貼心提醒

① 一段時間內只專注一種觀察目標，不要變來變去。

② 慢速行走有助於培養密集專注力和細緻觀察力，但快速行走也可以保持正念。

③ 如果分心頻率很高，可試著在心中默念觀察到的身心現象幫助自己更專注。此方式也稱「標記」或「命名」，字數簡短即可，例如左、右、提、推、放、站、轉、看到、聽到、聞到、冷、熱、軟、硬、痠、痛、癢、麻、鬆、緊、流汗、念頭、煩躁、輕鬆、平靜等。

④ 如果發現行走的身心速度不一致（腳比心快或相反），請觀察受到哪些身心因素影響，然後調整速度再重新出發。

⑤ 留意環境的安全性。

本練習參考資料請詳註釋[3]。

練習

日期	練習情境、觀察目標、體驗與發現

練習

日期	練習情境、觀察目標、體驗與發現

本週回顧

一週練習後，有什麼心得與發現？

練習 07

立姿伸展

你可能已經發現，本手札有很多與身體覺察相關的練習項目，例如呼吸觀察、身體掃描、伸展以及行走等，這是因為多數人對於身體的關注，通常著重在外觀或仰賴儀器影像、數值指標，很少直接聆聽身體訊息，因而錯過各種身心現象的徵兆。因此，需要透過大量的身體覺察練習，幫助自己與身體重新建立聯結。

然而，對部分難以忍受安靜不動、容易睡著、不易專注或靜態身體感覺不明顯的人而言，行走和伸展可能比呼吸觀察或身體掃描更適合作為身體覺察的入門練習，而伸展又比行走更能全面觀察身體。

伸展練習如同上週的正念行走，是培養專注力由寬鬆至密集的練習。剛開始可能只會注意身體移動的定點，例如練習動作③，從雙手下垂、平舉、向上的定點，進步到留意姿勢、動作，而後能觀察整個移動過程，以及移動時的各種身體感覺和變化，例如身體鬆緊、重力、支撐、平衡、限制、溫度、汗水、各種舒服或不舒服的感受。

正念伸展跟其他運動不同之處，在於正念伸展不強調姿勢或體能[4]的訓練目標，而是重視培養動態的專注力、覺察力和身心一致性。

正念伸展的姿勢可採取臥姿、立姿和坐姿，本練習選擇需準備最少物品且最溫和的立姿，除了建議的練習動作外，也可以採相同方式觀察其他運動，例如：瑜伽、舞蹈、太極拳、重量訓練、有氧

運動等,更歡迎將生活中所有身體移動都視為微伸展練習,例如開關門、穿衣服、打掃、彎腰撿東西、踮腳拿東西或走路,隨時隨地練習「身在哪裡,心就在哪裡」,也透過伸展身體來舒展心靈!

時間需求

依自己可安排的時間練習所有或部分動作。

物品準備

可以站穩並張開雙手的安全空間、方便活動的寬鬆衣物、防滑鞋或襪(亦可赤腳),或其他需要的物品。

練習動作

- 預備動作(山式):雙腳打開與肩同寬,雙手自然垂放在身體兩側,身體向上挺直,像山一樣站著,站好後,以幾口呼吸幫助自己安定身心,並觀察站立的身體感覺。

  每個動作開始前、結束後及動作之間,都請回到山式。
  ① 吸氣用力聳肩,呼氣快速放下肩膀,重複 3 至 5 次。
  ② 頭部往下順時針及逆時針旋轉各 3 至 5 次後,回到正中央。
  ③ 雙手向兩側張開並向上移動,當身體呈現「大」字形時,手掌向上翻,雙手持續朝向天花板舉高,再如同電影倒帶,反序進行上述動作,回到山式,重複 3 至 5 次。
  ④ 雙手朝天花板並十指交扣,手掌往上翻後向上延伸,雙手和身體微微往左倒,雙手不放下,改往右邊倒,重複 3 至 5 次後回到山式。

⑤ 雙手移到背後並十指交扣，向上移動，頭向後倒，然後手下移但不鬆開，頭部回到正中央，重複以上動作 3 至 5 次後再鬆開雙手，回到山式。

⑥ 左腳向前一步，左手朝左前方向上舉到約 45 度角時，左手及身體向左上方延伸，右腳跟順勢提起，然後反序上述動作回到山式，左右各進行 3 至 5 次。

⑦ 雙手叉腰，上半身頭部至腰部依序向左扭轉，包括頭、肩、軀幹、腰部，視線也向左看，轉到身體左邊界限後停留 3 至 5 次呼吸，再向右扭轉至右邊，左右來回 3 至 5 次後回到山式。

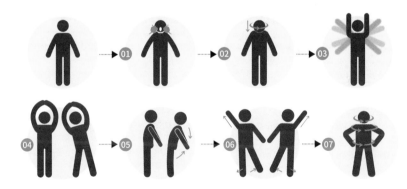

圖：立姿伸展動作示意

觀察面向

① 每次動作靠近身體界限並進行 3 至 5 次呼吸時，可嘗試在吸氣時放鬆，吐氣時再次探索界限，試著觀察界限是否移動？無論有無移動、前進或後退，都是正常的，就只是觀察。

② 參考練習 06「正念行走」第 4 段，觀察專注力密集度，是如同定點照片、連拍照片或電影般的連續影像？注意力能否全程跟上身體的移動？

③ 練習過程有哪些身體感覺、情緒、念頭？

④ 分心的原因及如何拉回注意力？

貼心提醒

① 練習重點在過程中的覺察，動作本身切勿勉強，請溫柔的對待自己，並注意安全。如果有些動作不適合，請自行調整為其他的動作或角度即可。

② 練習動作若有區分左右方向，從左邊或右邊開始皆可。

③ 練習動作及步驟順序僅供參考，亦可改為自己想練習的動作及順序。

④ 放慢伸展速度有助培養密集專注力和細緻觀察力，但太慢可能使練習變得困難，請依自己適合的速度進行練習。

⑤ 每個人的身體狀況不同，每次練習的情況也不同，所以不需跟別人比較，也不需跟過去的自己比較，只要知道自己此時此刻能做到、做不到什麼即可。

⑥ 本項練習是為了培養專注力和覺察力，如果練習後讓身體更柔軟、更放鬆、更強壯、更健康、體態或身材改善，值得恭喜，但這些好處只是練習的附加效益，而非主要目的，所以練習後若沒有獲得這些好處，也是正常的現象，不需失望。

日期	練習過程、體驗與發現

練習

日期	練習過程、體驗與發現

本週回顧

一週練習後，有什麼心得與發現？

練習 08

正念學習、正念工作

　　工作和學習的範疇很廣，有時可以獨立運作，有時需與其他人互動合作，與他人互動的方法將在 Part 2 及 Part 3 進行練習。本週請試著每天找一項可以自己獨立完成的任務，例如：寫一份報告、讀一篇文章，一次做一件事，觀察自己如何將注意力聚焦在任務上，也留意心是怎麼離開任務的，例如：滑手機、看訊息、各種有關或無關的聯想……等等，如同練習 05「三口呼吸」至練習 07「立姿伸展」培養專注力的方法，留意自己執行任務的動作、過程、心緒和思緒來去。

時間需求

　　約 10 分鐘，亦可自行增減。

建議步驟

① 在每次任務開始前和結束後，可以試著以三口或更長的呼吸，作為啟動和結束的儀式。

② 發現分心時，也請試著至少用一口呼吸讓自己暫停，然後再次將注意力帶回眼前的任務上。

③ 在專注的過程中，若被其他外務打斷，甚至需中斷現在的任務，並轉移到另一項任務（例如：電話、門鈴、其他人來訪），這時，也可以試著用一口呼吸為前一個任務做個暫停或結束。

觀察面向

① 如何專注？

② 是什麼讓自己分心？

③ 如何帶回注意力？

貼心提醒

分心後、帶回注意力之前，可試著探索內在的需求是什麼。以照顧好自己為前提，在內心想要而且也準備好時，再將注意力拉回正事上就好。

日期	練習任務	時長（分）	體驗與發現

練習

日期	練習任務	時長（分）	體驗與發現

本週回顧

一週練習後，有什麼心得與發現？

═════ 哪一張卡片？ ═════

　　曾有學員分享自己時常發生拿著捷運卡刷公司打卡鐘，或拿門禁卡刷捷運閘門的糗事，也時常在下班離開公司後，忘記是否已刷下班卡，於是只好返回公司再刷一次。

　　他提到某一回搭捷運出閘門前，即將從錢包裡拿錯卡片時看了卡片一眼，然後拿出正確的捷運卡，並且看了驗票閘門顯示的餘額。

　　當他意識到拿錯卡片並修正成正確卡片的那刻，突然想起「身在哪裡，心就在哪裡」這句話，於是，他決定將所有拿卡片的動作當成正念的日常微練習。

　　後來，他除了不再發生拿錯卡片或忘記刷下班卡的糗事外，也將這種微練習延續到拿卡片後的動作，例如刷完上班卡後，正念行走到辦公座位，以正念伸展的方式觀察拉開椅子到坐下的過程，坐好後感受坐姿、打開電腦，以三口呼吸開啟一天的工作，再延伸到留意工作中的每個環節和內容，他發現連續串起多個微練習後，他能維持專注的時間越來越長，五感和身心感知的變化，如同五百萬畫素的鏡頭升級到五千萬畫素，觀察到更細緻豐富的細節，腦海中也像隨時有個鈴聲，提醒自己回到當下。

　　這樣的變化，不只提高工作效率和正確率，也大幅減少情緒起伏並增加樂趣，例如參加跨部門會議，過去時常心思飄移、感到無聊、煩躁、昏沉或想滑手機，現在無論是哪個部門報告，他都能全心專注在會議中，沒有過去的情緒反應或分心現象，且比以前更常獲得新啟發。

存在

　　「存在」（Being）或「在」，是相對於「作為」（Doing）的一個概念。放下想要「做什麼以爭取、改變」的慣性，僅僅是與此刻在一起，單純存在天地間，體驗生命本身：**沒有要做什麼、沒有要去哪裡、沒有要達到什麼目的。**

　　說起來很簡單，但實際應用在生活中，並不容易。現代人的生活大多忙碌，我們必須不斷為自己計畫行程好讓事情能夠順利進行。生活總是充滿了「待辦事項」：早上工作時，想著午餐吃什麼；午餐時，煩惱下午哪些工作必須完成。上班日，都在想週末要去哪裡玩；週末到了，又開始構思下週工作。當行程告一段落，便開始檢討過去，把時間花在回顧、細數生活哪裡做得還不夠好……。

　　當我們養成這種思考習慣，將一再錯過「當下」──**我們唯一能夠感受與掌握的時刻。**我們活在過去，或者未來，就是不在現在。生活中的茫然、空虛與耗竭感，便由此而生。

　　試試看吧！就從此刻開始，單純與自己和身邊一切同在。閱讀本篇文章時，感受正盯著書本的眼睛、鼻端輕柔的呼吸、整個身體的姿勢、周遭的事物……。

　　在這一瞬間，我們與真實相遇。無論有什麼感受，先不急著行動或想要改變，就在這兒待一會兒吧！這並不表示我們不再做事，生活還是有許多事情值得忙碌。但「存在」提醒我們，於生活中，將注意力保持在當下。並且，平等的接納此刻的一切，生活或許還不是我們的理想樣貌，卻是你唯一真實存在的人生，絕對值得駐足欣賞。

練習 09

呼吸觀察

　　如何簡單而清楚的體驗「存在」？就從呼吸開始吧！放鬆身心、體驗呼吸，讓生命單純存在著，沒有要做什麼、沒有要到達某種境界，就只是跟呼吸在一起。

　　帶著好奇與耐心，觀察呼吸是什麼樣子？深的或淺的、長的或短的，呼與吸之間有沒有停頓？呼吸會變化嗎？

　　這一呼一吸，是我們生命存在的證明。全心體驗它的存在，了解到我們真實活著，就在這裡，就在當下。

時間需求

　　3 至 5 分鐘，也可視需要自行增減。

建議步驟

① 找一個不被打擾的空間，用舒服的姿勢練習，坐著、躺著或站著都可以。

② 跟練習 05「三口呼吸」所進行的準備一樣，邀請注意力放在呼吸活動最明顯的身體部位：鼻端、胸口或腹部。

③ 如果環境安全且需要加強集中的話，可以輕閉眼睛或將視線下垂。

④ 在這樣的情境中，與呼吸相處一會兒，觀察呼吸的樣貌。

貼心提醒

① 分心或者注意力飄離呼吸是正常的。有趣的是，當我們注意到自己分心時，正代表我們重新保有覺察，也就是回到了正念。此時輕巧的把注意力帶回呼吸就好。

② 不必因為分心而苛責自己。分心如果發生無數次，我們唯一需要做的就是不厭其煩的把注意力帶回來無數次。

③ 如果觀察自己的呼吸時，會感到緊張或呼吸不順，可能是太專注、太用力了，也有可能是勾起了生命中不舒服的經驗，例如本身的心肺或呼吸道疾病、窒息或溺水。可以暫時睜開眼睛、輕鬆的活動臉部肌肉，然後只管放鬆就好，從臉部、肩膀一路往下，並特別留意臀部與椅子的接觸面、腳底與地面的接觸感。也可把注意力轉移到呼吸動作「附近」的部位，例如臉頰、肩膀。從側面觀察，不需要正面迎對。

④ 有時候，練到途中會感到想睡，甚至真的睡著了。如果身體感到疲倦的話，不如放過自己，先去休息，睡飽再回來練習吧！若已經睡飽但仍然練到快睡著，可以睜開眼、在明亮的地方練、站著練，可能會有幫助。

⑤ 可以為自己設一個倒數計時的鬧鐘，就不用一直去看時間到了沒，只管放鬆專心的觀察呼吸即可。

練習

日期	我的發現

練習

日期	我的發現

本週回顧

一週練習後,有什麼心得與發現?

練習 10

臥姿伸展

在練習 07「立姿伸展」，我們曾談過正念伸展的目的是為了幫助我們與身體重新建立聯結，並培養動態的專注力、覺察力和身心一致性。事實上，生活中無論移動或靜止，站著、坐著或躺著，只要能感受身體存在於此時、此地，就是回到當下的第一步。

時間需求

依自己可安排的時間練習所有或部分動作。

物品準備

任何方便平躺且可供雙手雙腳伸展的平面，不會過軟或滑動，可以在地板鋪瑜伽墊或在床墊上練習。

練習動作

- 預備動作（大休息）：平躺在瑜伽墊或床上，雙手輕放在身體兩側，以幾口呼吸幫助自己安定身心，感受身體此時此刻就躺在這裡，將身體交給大地。

  每個練習動作之間，都請回到大休息，觀察在動作之後的身體感覺，可以觀察最明顯的感覺，或快速身體掃描，觀察身體每個部位的感覺。

① 雙手從身體兩側向天花板舉高，再持續朝頭部移動，直到雙手手臂貼近耳朵，平放到地板，身體呈現「一」字形時，雙

手往指尖方向延伸，雙腳往腳底板方向延伸，拉長身體，停留 3 至 5 次呼吸後將手以反序動作上舉直至回到大休息姿勢，重複 3 至 5 次。

② 左腳屈膝、左腳掌踩在地板上後離地，左膝向腹部靠近，雙手穿過左膝蓋下方抱住大腿並向上移動，頭部、頸部、胸椎向上抬，讓頭部靠近左膝蓋，但靠不到也不勉強，到達彎曲的界限後，停留 3 至 5 次呼吸，反序將上半身和雙手放回身體兩側，左腳不放下，重複 3 至 5 次後回到大休息，再以相同方式進行右邊的練習 3 至 5 次。

③ 雙手向外打開，身體呈「大」字形，雙腳屈膝，腳掌踩在地板上，膝蓋往左邊倒，頭部及上半身向右轉，視線也向右看，再將頭部、上半身及膝蓋回到正中央後，膝蓋改往右邊倒，頭部及上半身向左轉，視線向左看，重複 3 至 5 次，維持雙手向外打開及雙腳屈膝的姿勢。

④ 雙腳屈膝及雙手向外打開，臀部離地，腰椎一節一節向上抬，再一節一節向下降，重複 3 至 5 次，再將雙手放回身體兩側，雙腳維持屈膝的姿勢。

⑤ 雙腳屈膝向上抬、腳掌離地、雙手穿過膝蓋下方抱住大腿，身體往左右來回搖晃 3 至 5 次，再鬆開雙手、放下雙腿，回到大休息。

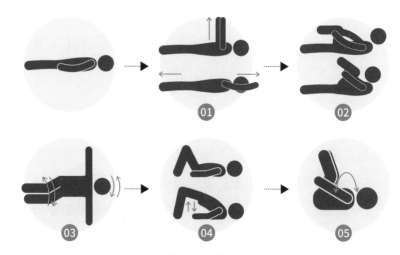

圖：臥姿伸展動作示意

觀察面向

① 移動的過程、身體感覺和變化，例如身體與平面的接觸面、重量感、支撐、平衡、限制、溫度、汗水、呼吸、心跳、皮膚及肌肉鬆緊、各種舒服或不舒服的感覺。

② 動靜切換、用力與放鬆之間，觀察到什麼？

③ 身體哪些地方在用力，有沒有過度或不需要的出力？例如牙齒、額頭。

④ 練習過程有哪些身體感覺、情緒、念頭？

⑤ 分心的原因及如何拉回注意力？

貼心提醒

重點在過程中的覺察，動作本身切勿勉強，請溫柔的對待自己，並注意安全，如果有些動作不適合自己，請自行調整為其他適合的動作或角度即可。

練習

日期	練習過程、體驗及心得發現

練習

日期	練習過程、體驗及心得發現

本週回顧

一週練習後，有什麼心得與發現？

練習 11

親近自然

「在一個初夏的午後，靜靜的欣賞一棵樹。

先是看著直挺挺的樹幹，再細看有著深淺不一的咖啡色、一小圈一小圈的樹皮。視線回到根部順著往上移動，原以為是直的，卻又有那麼一些凹凸；逐漸向上，看那分叉而出、或直或曲的樹枝向上延展，載著茂密的葉片，錯落之間，仍能隱約見到枝椏上的綠芽。

僅只是靜靜的看著這棵樹，突然之間，有種感動，也有體悟：樹就是樹，無論是否有人為它鼓掌喝采，或者對它批評責罵，它仍舊挺拔向上，承載繁盛的枝椏與樹葉，負重，卻不放棄使命的站著，即使樹葉終究會離它而去，它仍是如此的佇立著。

這才覺察到，從觀察到升起這些念頭的瞬間，身體宛如被電流流過一般。走近這棵樹，將掌心貼在樹上，感受粗糙卻又溫暖的膚觸。輕輕的深吸一口氣，聞聞氣息、聽聽微風吹過樹的聲音，閉上眼享受片刻……，這個當下，感受親近樹的感覺，也稍微留心內在的身心變化。

直至現在，閉上眼仍能憶起這棵樹的模樣，記得當時的悸動與美好。」

是否也有過類似的經驗呢？邀請你帶著正念「親近大自然」。

時間需求

每次約 3 分鐘，一星期試著練習 2 至 3 次。

觀察對象

方便親近即可，也許是人行道上的一棵樹，或是家中桌前的多
肉植物。例如：到公園散步、爬山或前往海邊，觀察動物、植
物、自然現象等，如果不方便出門，也可以看看陽臺的花朵、
綠植，或者花一點時間，抬頭仔細看看白雲、夕陽、夜空也好。
如果家裡就養著寵物呢？也行，非人造的生命體或非生命體都
可以，記得以正念觀察、非評價、接納的態度與萬物同在。

建議步驟

① 可以先遠觀整體，再靜靜觀察細節，最後拉回整體與身體內
　在的感受。

② 可以欣賞觀察對象的形狀曲直、所處位置及周圍環境、顏色
　深淺變化、動作快慢或停頓等，一項一項的看。

③ 吸幾口氣，聞聞看味道，也可以感受自己在呼吸的當下，與
　觀察對象同在的形式，例如我們正在呼吸同一個空間的空氣。

④ 也聽聽聲音，也許是觀察對象所發出的，也許是觀察當下的
　環境音，都好，知道但不去評價。

⑤ 觸覺上的體驗，若能安全的觸碰並感受當下是最好的，但若
　與觀察的對象有距離，不一定要觸摸到它，而是感受專注看
　著它時，自己的身體、皮膚感受，留心同在的感覺，例如正
　在感受同一個空間的溫度。

貼心提醒

①注意安全與自我保護仍是首要。

②請用友善無害的方式與自然相處，例如不摘採、不踐踏、不刻意出聲或以動作干擾、不將動植物帶離其原生環境等。

練習

第 1 次觀察日期： 時間：

● 對象

● 感受

第 2 次觀察日期： 時間：

● 對象

● 感受

第 3 次觀察日期： 時間：

● 對象

● 感受

練習

選擇其中 1 次記錄下來吧！

• 觀察對象

• 身體內的感受

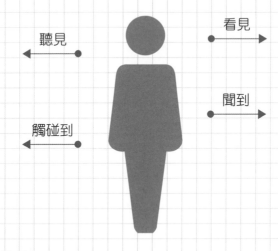

• 其他發現

本週回顧

一週練習後，有什麼心得與發現？

練習 12

與困難共處

　　人生不可能永遠一帆風順。意外、病痛、考試、工作壓力、吵架、失戀，或大或小的困難，老是挑起我們警戒的神經。通常，我們選擇奮力對抗，或嘗試逃跑。

　　嘿！能夠用「同在」的態度，與這些困難共處一會兒嗎？

　　這聽起來可能很怪，至少很不自然。確實，與這些討人厭的情境共處，真不是一件簡單的事。然而實際上，困難早就已經跟我們在一起了，只是心裡的排斥，不斷將其推開，在「我」與「困難」之間，隔出一段陌生的距離。

　　大家或多或少也經驗過，當我們對抗或逃避困難，將同時製造更多的心理負擔，諸如失落、憤怒、罪惡感、自我批判、疲憊或寂寞無助。唯有面對它、接受它，才是邁向解決的開始。

　　試試看吧！在進行任何後續的行動前，讓我們先與這些困難同在，同時帶著好奇、溫柔與開放的心，以友善的態度試著與困難親近一些。

　　與困難同在並不代表我們屈就於現狀，你也不必喜歡這些困境。但同在有機會引領我們放下心中的敵意，在奮戰和逃跑之外，找出更具智慧的第三種選擇。

所需時間

約 5 分鐘。

練習時機

在困難發生的當下練習，或在之後安排一段時間，回憶當初的
情境來練習。

建議步驟

① 標記困難：回憶過去的生活經驗中，困難引發的身心變化，
例如：皺眉、頭痛、憤怒、焦躁、覺得我好衰、感覺大家對
我充滿敵意等，作為辨識困難情境的「標記」。

② 辨識困難：日常生活裡當標記出現時，便知道自己正在經歷
一段困難，此時有意識的把注意力拉回到身體感覺和內心。

③ 與困難同在：接納困難的出現，也接納內心已經產生的任何
反應，更重要的是，接納自己體內可能出現的不舒服感覺。
在你感到安心的範圍內，感受困難呈現在身體、心情和想法
上的樣貌。

④ 收尾：當你感到心安定下來或觀察足夠了，以練習 05「三口
呼吸」作結，完成這次的練習。

貼心提醒

① 有些困難過於沉重，我們很難真心接納它，不必勉強自己，
我們可以和這個困難保持一小段安全的距離，在不遠處觀察。
請記得，我們試著放下防備，但同時也要照顧好自己。光是

標記出這些困難以及承受它的沉重感，就已經是一件很了不起的事。

② 除了接納困難，「接納內心已經產生的任何反應」也意味著接納我們的抗拒反射，甚至也接納「討厭自己老是在抗拒」的心情。安靜的陪伴這樣的自己，便是最好的支持。

③ 本週的練習，重點放在與困難的同在、感受困難在身上呈現的樣貌。後續該如何回應及處理這些困難，隨著本書的練習推進，相信你能從中體會出自己的答案。

標記困難

　　回顧過往的生活經驗，困難常會引發我的哪些身心變化？列舉作為困難標記。

與困難同在

日期	事件	我跟哪些身心感受同在	同在後的身心變化

練習

日期	事件	我跟哪些身心感受同在	同在後的身心變化

本週回顧

一週練習後，有什麼心得與發現？

13　自由練習

1. 這一週我想要安排的是：

□ 送給自己一週的休息

□ 我想溫習：練習

□ 我有自己的好點子！創造屬於自己的正念練習！

　● 這週想要正念觀察的對象（某個人事物、活動或情緒）：

　● 預計會花費　　　　分鐘

　● 在這一週裡我想練習　　　　次

2. 無論是休憩、溫習還是創新，這週過完後，我有什麼心得感想呢？

日期	練習項目	我的發現

===== 與疼痛共處 =====

　　有位學員過去一向有生理痛的問題，生理期前三天，除了持續性的下腹疼痛之外，還會不定時在不同部位出現針刺般的疼痛，這些疼痛除了身體的不舒服之外，也非常影響思緒，特別是不定時的刺痛一來時，思緒就會中斷，嚴重時甚至無法走路。吃止痛藥雖然有點幫助，但藥效緩慢，也伴隨著副作用，不敢太依賴藥物。

　　某一天，她在半夜被生理痛痛醒，痛到睡不著，但也無法起身吃止痛藥，在這尷尬的情況下，只好以局部身體掃描的方式，靜靜觀察腹部的疼痛，跟疼痛在一起。

　　一段時間後，她發現原本像扭毛巾般的大片疼痛，變成像很多耶誕燈泡般的大小，在下腹部到骨盆腔移動、閃爍，疼痛沒有消失，但卻變得不一樣，觀察的過程甚至有點像在打地鼠，追蹤疼痛去哪裡，變成什麼樣子，最後這一晚在打地鼠的遊戲中累到睡著。

　　隔日醒來，只剩下輕微的痛感，到中午後，幾乎就不痛了，過去總要持續 2 至 3 天的疼痛，這回只停留不到半天。

　　而後，她也用相同方式對待其他部位疼痛和身心不舒服的情況，有時候會再加上對自己慈心祝福（練習 48「祝福」），她領悟到，過去害怕和排斥疼痛時，身體會越來越緊繃，越怕就越痛、越推開就黏越緊，現在不怕疼痛，允許它存在，甚至祝福它時，身心都變得更柔軟、放鬆，即使疼痛還在，卻不覺得難以忍受，可以在疼痛的情況下繼續做自己該做的事。

─PART 2─
正念的
覺察面向

　　在 Part 1 提到的初心、專注及存在，是正念覺察力生成的先決條件，而 Part 2 的耐心、平等、接納、信任、放下、感恩，不僅是培育正念的心態，後四項同時也是行動，各態度也非互斥的分類，而會互相影響或同時發生，從 Part 1 到 Part 2 的各種心態，都是奠定 Part 3 陪伴、溝通和分享等行動的基石。

　　自正念蔚為風潮以來，有些對於正念態度的誤解：「太信任別人會被傷害！」、「怎麼可能不論對錯好壞、公平對待每件事物？」、「接納／放下（或任一正念態度）哪有那麼容易？」但其實，這些態度的訓練對象是自己內在身心，例如：

1. 信任：相信自己的呼吸、覺知，而不是迷信神祕力量或盲目相信他人。

2. 放下：身心都真正放下，不再執著，或允許自己暫停、休息後再決定是否重新出發，而非表面上放棄卻心存執著或怨懟，也非逃避現實或責任。

3. 接納：接受已經發生的事實，也允許自己可以有各種情緒、想法或感覺。

4. 平等：以同樣心態觀察所有想法、情緒或感覺，包括發現內心正在評估想法的是非、好壞、事實與否時，同樣觀察自己正在評價、評價的過程、以及做出什麼評價，避免陷入災難式思考[5]。

5. 感恩、耐心：培養我們面對自己或事物的心態和習慣，而非要求別人對我們感恩或有耐心。

為釐清類似誤解，Part 2 將由淺入深的透過各種練習，幫助讀者將知識轉化為身心體驗，了解這些態度是可以實踐並運用於生活中，而非空談。各態度的練習過程會觀察五個覺察面向：觸發原因、身體狀態、心情感受、念頭想法及行為反應 [6]，它們重複穿插在 Part 2 的練習中，例如面對愉快或不愉快的生活事件（練習 20「生活事件觀察」）、感恩自己或他人（練習 37「感恩自己」、練習 38「感恩他人或環境」）時，各覺察面向有什麼現象。

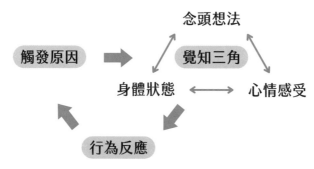

圖：觸發原因、覺知三角與行為反應的關係

上圖右上角的三個面向（身體狀態、心情感受、念頭想法）也稱為覺知三角，在事件發生時，三個面向的出現沒有先後順序，且通常互相影響，並且不斷變化。「觸發原因」和「行為反應」有時也可以歸類到覺知三角中，而觸發原因、覺知三角和行為反應之間，也會形成循環影響的大三角，例如：

1. 突然想到下週的旅遊行程（觸發原因：念頭想法），感到心情愉快（心情感受）、身體放鬆（身體狀態），然後想到還

需要準備哪些物品（念頭想法），而後有檢查行李、購買物品（行為反應），而此行為可能引發另一觸發原因及各覺知面向的循環影響。

2. 肚子餓（觸發原因：身體狀態），導致心情不好（心情感受），一直想著待會兒要去哪裡大吃一頓（念頭想法），還可能因為心情不好而遷怒他人（行為反應）。

很多時候，在事件發生時，幾乎來不及觀察，就反射性採取行動（也稱「慣性[7]」或「自動導航」），例如：手指被燙到，立刻縮手，才意識到「好燙」，這是面對危險的自我保護生理機制。

然而，有時直覺反應或許會有不好的結果，例如：面對批評時習慣性反擊，不只可能引發對方回擊而偏離原本的溝通意圖，甚至造成雙方難以磨滅的傷害，如果任一方停下來，觀察、評估情況後再決定如何回應，就可能避免發生爭執（練習 25「發現選擇空間」及練習 33「放下慣性」之「STOP」練習步驟）。

在覺察中，我們可能會發現，想法只是想法，不一定是事實（練習 19「念頭想法」），心情不好可能是因為身體不舒服，或某個需求沒有被滿足，當我們越快留意到覺知三角的現象，就越容易擺脫它們的控制，越能避免自傷或傷人的行為。

期望別人改變通常容易失望，所以，就讓我們自己成為改變人生的那把鑰匙吧！

本文參考資料請詳註釋[8]。

耐
心

　　耐心，是指我們面對萬物時願意等待與靜觀，不會為了要看到自己期待的樣子，而試圖介入以加速改變。

　　有個成語叫「揠苗助長」，大意是種植樹苗時，等不及小苗慢慢成長，故意把苗拉高一點，反而讓小苗枯死了。耐心，意味著尊重事物原本的速度與走向。因此面對土中芽苗，秉持耐心、放下期待，方能讓植物依照自己的步調成長苗壯。

　　前幾週的練習，很可能會有不夠滿意的狀況出現。也許是花了時間但成效不如預期，或覺得生活沒什麼改善。當以上的情境出現時，不妨納入「耐心」：以陪伴代替期待、尊重身心本來的步調、呵護現階段的自己。

　　耐心也體現在日復一日的平凡生活中，我們可以將它與〈初心〉（頁 4）、〈存在〉（頁 56）和〈接納〉（頁 138）連結。一行禪師曾說：**「我們所洗的每一個碗都是奇蹟」**[9]。當我們開始以赤子之心看待日常瑣事、安於當下此刻、接納體驗到的一切，耐心自然就出現了。

　　有時候面對相同的練習會感到不耐煩，這很常見，畢竟我們本來就更容易被新奇的事物吸引。但若試著保持耐心，並帶著先前提過的初心，練習就會變得有趣些。當然，如果感覺到自己強烈需要把練習擺一邊、休息一會兒……。接納這個需要，「耐心」陪伴這樣的自己，也是必要的。

練習 14

正念飲食

「民以食為天」，讓我們再次以飲食作為正念練習的主題吧！

但這次我們把注意力放在進食期間的身體感覺，包含「靜態姿勢」及「動態動作」。

在繼續閱讀之前，你可以先自行嘗試一次，觀察身體是什麼姿勢？進食中有哪些動作？

之後再參考建議步驟和練習記錄的舉例，選擇你有興趣的部分來觀察，也可以分天、分批嘗試。

也許你的某些身體部位沒有感覺，這是可能的正常現象，不用勉強，「沒感覺」也是很值得記錄的觀察！除了步驟中的舉例，你也可以記錄任何你想觀察的身體部位。

時間需求

每天在一餐當中取 10 分鐘進行。

建議步驟

① 選定觀察的部位，如：手、口腔（嘴唇、牙齒、舌頭）、喉嚨、呼吸、脖子、腳、全身等。

② 觀察在進食中該部位的兩種面向：

  ● 靜態姿勢：該部位呈現的姿勢和感覺、由餓到飽的變化等。

  ● 動態動作：有什麼動作、動作快慢、出力大小及持續時間、

僵硬或流暢、動作順序（同時分開或進行）、吞嚥後食物
進入身體往下移動的感覺、腸胃蠕動或打嗝的感覺等。

貼心提醒

當我們不再看劇配飯或邊吃邊聊天，是否留意到內心有點不耐
煩的感覺呢？如果有，歡迎你也記下來，並試著用「初心」、
「享受生命中獨特的一餐」等類似的心情，重新體驗。

練習

記錄舉例

　　今天觀察右手。右手用中指、食指和拇指捏住湯匙的尾端，小指沒有用到但很用力的彎曲。餓的時候手動得很快，口中才吃到一半已經舀好下一口，但之後漸漸放慢，到最後有一次手自動去拿起手機，想滑手機了。

日期	觀察部位和我的發現

練習

日期	觀察部位和我的發現

本週回顧

一週練習後，有什麼心得與發現？

練習 15

日常活動

延續練習 04「日常生活」進行五感的觀察，這週我們再度以日常為主角，但觀察面向和練習 14「正念飲食」類似，聚焦在體感——靜態的身體姿勢及動態動作的覺知。

讓我們保持著好奇、接納、與身體同在的態度，看看一天當中，身體在怎樣的情況下完成我們交代的工作呢？

活動選擇上，相當推薦那些花費我們最多時間的事情，也許是工作、家事、念書、用電腦或滑手機。建議選擇前面幾週尚未練習到的活動，多方嘗試。

觀察姿勢和動作的同時，可能也會一併覺察到伴隨而來的感覺和心情，諸如：痠、緊繃、痛、不耐煩、想逃避。如果你不介意，可以先試著跟它們和平共處，用好奇的眼光觀察，看看過一陣子是否會有所變化？

此外，我們可以發揮創意，實驗看看，用不同的姿勢和動作進行相同活動，是否帶來不同感覺？哪一種是你感到最舒服的？

時間需求

10 分鐘以內。

建議步驟

① 每天選擇一項不同的日常活動。

② 以稍快的速度觀察身體各部位，留意以下面向：

- 靜態：靜止時各部位呈現怎樣的姿勢？有什麼感覺？
- 動態：做了什麼動作？各部位的出力程度如何？彼此是怎麼配合的？動作中有哪些感覺？可否用不同的姿勢或出力方法完成同樣的工作？

貼心提醒

如果你發現自己在練習 04「日常生活」的觀察重點大多都著重在體感，你也可以彈性的把本週練習改回練習 04 的內容，但重點放在五感的其他四項：視覺、聽覺、嗅覺、味覺。

練習

記錄舉例

　　今天下午看文件，雙腳平踩在地上，膝蓋有點內八，坐在椅子上，腰很用力挺直，肩膀是放鬆的，但頭很低脖子有點痠。把椅子調低後，脖子舒服許多。

日期	活動種類	我的發現

日期	活動種類	我的發現

本週回顧

一週練習後，有什麼心得與發現？

練習 16

打掃清潔

　　一般生活中，不可避免的，我們一定得花時間在清潔環境。既然如此，讓正念也融入它們吧！

　　無論是工作或居家的環境清潔，都可成為正念練習的對象。當然，練習對象非常多種，不限於掃地、洗碗，還是刷馬桶。如果每天的清潔工作不盡相同，就針對不同的內容進行練習即可。

　　假使它們本來不在你的責任範圍內，也許你可以主動替他人完成並同時練習。相信這樣的善意不但對自己有益，也會讓他人愉悅。

　　若你的生活真的不需要做打掃環境的工作，那也可彈性的將清潔身體、梳頭、剪指甲、漱口等各種目的類似的活動納入練習當中，記得，發揮你的創意！

時間需求

　　5 至 20 分鐘，視清潔內容而定。

建議步驟

① 選定一個清潔項目，以及清潔的範圍。

② 對該範圍稍加觀察，留意髒污的程度，和它帶給你的感受。

③ 進行清潔，關注身體各部位的姿勢、動作習慣。這些姿勢或動作帶來哪些感覺？此外，也可以同時觀察進行清潔時，是什麼心情？在想些什麼呢？

④ 結束後，觀察環境及自己身心在清潔前後的變化。

觀察面向

清潔前、中、後的身體感覺、心情和想法。

貼心提醒

① 關於整理、收納，我們會特別安排在練習 31「釋放空間」，
這週請先選其他清潔活動為練習對象。

② 如果你在練習 04「日常生活」或練習 15「日常活動」已經觀
察過清潔工作（超棒的！），邀請你在本週練習中著重觀察
清潔當下的心情與想法，這類繁瑣的工作是否引起內心的不
耐？過程中，腦袋裡在想些什麼呢？

練習

觀察面向清單（可複選）

A 身體姿勢　B 動作慣性　C 心情感受　D 念頭想法

日期	清潔項目	觀察面向	我的發現

日期	清潔項目	觀察面向	我的發現

本週回顧

一週練習後，有什麼心得與發現？

透過這樣的觀察，對於清潔工作產生什麼不同的觀點和看法呢？

練習 17

正念聆聽

生活中，多少都會使用聽覺來吸收資訊和調劑生活，例如 Podcast 及音樂。而聆聽生活周遭的聲響，例如清晨的鳥語、風雨聲、人們談笑聲，也是生活中微小但趣味盎然的元素。本週的練習，不妨就來「正念聆聽」吧！在聆聽中，聲音種類或好聽與否不再重要，**聽的本身就已是聽的目的**。單純把心打開，歡迎過程中的身心變化，安住在聆聽的覺知之中。

時間需求

約 5 分鐘，視聆聽主題而定。

建議步驟

① 找一個短暫不被打擾、聲音來源單純的空間，選定聆聽主題。

② 暫時放下其他事，專注在聆聽本身。

③ 保持輕鬆但警醒的注意力，留意聆聽內容，也觀察自己內在的心情與想法。

④ 以好奇、開放及接納的態度面對觀察到的一切。

⑤ 也可試試不選擇特定音源，只管聽，開放的接收空間裡、外的聲音。

⑥ 聆聽結束後，不急著做下一件事，感受一下練習後（也許在寂靜之中）自己的心情。

貼心提醒

① 聲音的來去是很自由的，即使我們選定了聆聽主題，其他聲音還是有可能在途中闖進來，讓它們自由來去吧！

② 有時會全心全意專注在聲音的內容中，忘記觀察自己。這很常見，此時可以刻意感受一下呼吸，再把一部分的注意力拉回到內心自身。

③ 聆聽的過程，有情緒起伏是很正常的，無論是感動、歡喜還是討厭，都歡迎這些情緒在心中自然的生滅。若感到無聊，或升起想要加快播放速度的念頭，覺察到內在的不耐煩時，邀請你用初心與耐心面對此刻。

④ 與人際溝通相關的傾聽，我們會在練習 44「正念傾聽」深入練習。本練習將重點放在聆聽本身即可。

練習

日期	聆聽主題	過程中的 心情和想法	結束後的感想

練習

日期	聆聽主題	過程中的 心情和想法	結束後的感想

本週回顧

　　練習一週後，我覺得正念聆聽跟以往的聆聽比起來有什麼不同？

══ 一次一事，通過考試 ══

　　還記得自己過去準備大型考試的經驗嗎？當時的心情、想法和身體感覺如何？

　　某位曾經歷多年公務人員高考及普考的學員談起這段經驗，最強烈的感覺就是「煩躁」。

　　因為同時準備兩種考試，需要研讀的資料量龐大，她總是邊讀書邊擔心時間不夠和記不住曾讀過的內容，恨不得 24 小時都在讀書，但讀書過程也感到無比煎熬，而且伴隨脾氣暴躁、失眠和消化系統疾病等身心壓力反應。

　　她在第 6 年準備考試期間，在朋友建議下報名正念減壓八週課程，並在某次上課時分享自己練習時的「沒耐心」——靜坐時忍不住張開眼睛、身體掃描想動來動去、伸展和行走時想將動作「快轉」。

　　老師詢問她，是否留意到這些現象背後的情緒、想法或身體感覺？她才突然發現，無論是無法好好坐著、躺著或想加速動作，浮現的念頭是想知道接下來要做什麼、想快點回到書桌前，但事實上，課程並不會因為她想加速而提早下課，她覺得這個觀察跟讀書情況很像——不會因為自己心急，就能更快讀懂或記住考古題。

　　當天，老師也提到「一次一事」生活應用實例，她就將老師探詢後的心得和上述實例運用在研讀考古題，她採取「一次一題」的作法，不再擔心剩多少題目或時間不夠，而是保持耐心，讀懂一題後再研究下一題，遇到較困難的題目也允許暫時「跳過」，等多數題目完成後，再回頭研讀被跳過的題目，不知不覺中就做完所有考古題，而且每題都印象深刻，

不擔心會忘記，身心壓力反應也改善許多，更值得高興的是，她在課程結束這年順利通過公務人員高考！

　　她的經驗就如同俗話說的「慢慢來，比較快」，有耐心並扎實做好每件事，有時反而能更快完成預期目標。

平等

　　平等[10]，是以客觀如實的態度觀察所有經驗，不對它們進行價值判斷。如同呼吸時的吸氣、吐氣，及呼吸間的轉折，沒有哪個時刻特別珍貴或低廉，每個當下，都同樣重要。而呼吸長或短、好心情、壞心情、舒服或不舒服等感受，也都涵容、允許、不評判。

　　回想看看，是否曾有過這種經驗：習慣性推開某件事，它卻纏著自己不放；或是缺少某件喜歡的事物時，會產生強烈不適感？

　　保持平等心，是為了讓我們看見各種經驗的真實樣貌，知道這些經驗、感受或評價是如何產生，也有助於避免排斥、黏著的現象。

　　當我們公平對待生命中的每個經驗，無論喜歡或討厭、舒服或痛苦、快或慢、忙碌或悠閒、輕盈或沉重、熱鬧或寂靜、靜止或移動、新或舊、重複或多變……等，我們可能會發現上述各種情境並非互斥的兩端，也可能發現衡量基準會變動，樣貌、強弱、範圍也會變化。例如，同樣的自己，同樣的走路速度，在不同事件或心境下，有時我們覺得快，有時我們覺得慢，或是有時會在愉悅事件中看見不愉悅的元素。

　　甚至可能會發現，無論我們想不想要某個經驗或感受，並非大腦下指令就可以控制或改變，我們能做的，就只是觀察它們的出現、變化和消失。

　　用平等涵容的態度觀察身心經驗和感受，是培養「接納」和「善意」（感恩、分享）的第一步，也是維持「初心」的方法，更是「放下」煩惱的開始。

練習 18

觀察情緒

　　情緒，反映事件與我們之間的關係，也影響我們的身體和行動，讓我們更利於生存，例如生氣時想攻擊、害怕時想逃跑，快樂時充滿能量，有助於因應挑戰與目標，而感受到愛或滿足時，全身籠罩在平靜與幸福感之中，有益與他人合作[11]。

　　引發情緒的原因有時來自當下人事物，有時則受基因、過去回憶或經驗影響，還有某些找不到原因但維持很久的心情，可能源自單一或多個事件，當下未即時發現或刻意忽略情緒所累積而成，過度反應或長期累積負面情緒，對身心健康、行動或人際關係皆可能造成不良影響，因此，即時覺察情緒，才能避免受制於它[12]。

　　情緒本身及其來去沒有對錯，無論受哪些原因引發，或能否找到原因，當情緒來臨時，它已經在這裡，若我們能即時辨識情緒與身體的互相影響，便有機會在情緒被觸發後及行動前按下暫停鍵，甚至情緒被觸發前就發現它，便能在刺激、情緒及行動之間創造空間，選擇更有智慧的回應方式，讓身心及行動有更大的自由（詳見練習 25「發現選擇空間」）！

　　本週，我們將每天花一點時間來觀察情緒本身、情緒在身體內的感受和影響，以及情緒的變化，但暫時不分析影響心情的原因，無論是好心情或壞心情，都以相同態度觀察它們。

時間需求

5 至 10 分鐘，可依需求自行增減。

練習姿勢

可以採取任何姿勢，並閉上雙眼，但如果擔心會睡著，也可以
站著練習，或微微睜開眼睛，視線不聚焦。

觀察面向與建議步驟

① 穩定好姿勢，進行幾次呼吸後，問問自己「我今天心情如何？」
試著為這個心情命名（建議 1 至 5 字，可自行調整）[13]。無論
是什麼心情，都允許它存在。

② 試著為這個心情分類，例如：愉悅、不愉悅、中性、其他。

③ 觀察這個心情與身體的互相影響，例如：表情、身體感覺、
姿勢動作、肌肉鬆緊或身體其他部位的明顯感覺。

④ 一段時間內，持續並重複觀察身心有什麼變化？是同一種心
情，或不一樣的心情？

不同的心情：若命名有助於觀察，可以再次為它命名（同步
驟①）；同一種心情：觀察程度是否有變化？並持續加入強、
弱、不變或其他更適合的語詞。

無論心情有沒有變化，都沒有對錯或好壞，只需要觀察它，
以及它對身體的影響（同步驟③）。

⑤ 結束前，請再次將注意力帶回到呼吸，準備好之後，慢慢睜
開眼睛。

貼心提醒

　　命名只是輔助辨識情緒及身體感覺，若命名有困難，只要能觀察當時的身心現象即可，不一定要將其文字化。

本練習參考資料請詳註釋 [14]。

練習

日期	我的心情及類別、身心互相影響、變化及其他發現

練習

日期	我的心情及類別、身心互相影響、變化及其他發現

本週回顧

有哪些整體發現？例如本週心情以哪一類居多？

這些心情是受當天事件的影響，或是長期以來的狀態？彼此之間
有無關聯？

被歸類為愉悅或不愉悅的心情，各自有哪些共通點？發現哪些明
顯的身心互動影響？

練習 19

念頭想法

　　你可能已經從之前的各項練習中發現，我們很難掌控念頭和想法（念頭與想法並無明確區分標準，在此視為同義詞）的出現和發展，日常生活中念頭更是層出不窮，而且有時多是自己想像的故事和對話，例如誰喜歡或不喜歡我、我剛才的社群媒體貼文會有多少人按讚、哪些人會回覆或如何回覆我的文章、如果我（我的孩子、員工或任何人）沒達成某些目標將會發生什麼事等。

　　念頭想法，無論事實與否，都影響我們的情緒和應對事件的方式，有時念頭一閃即逝，來不及覺察，卻已做出難以挽回的行為；有時被它糾纏許久後，才發現庸人自擾。當然也有很多深思熟慮或靈光乍現的念頭想法，幫助我們避免危險、創造更幸福的人生或更進步的環境。

　　如同卡巴金博士的提醒：「思考念頭並非不好或令人討厭的。重要的是，過程中是否能覺察自己的想法與感受，同時覺察自己與它們的關係為何」，以及「單純地明白『想法就只是想法』，便可以讓你從扭曲的事實中釋放，為生活帶來更遼闊的視野，也會覺得更容易處理事情」[15]，因此，本週將練習觀察念頭想法的來去和變化，看清楚是什麼盤據我們的心頭，哪些是事實、哪些是想像，了解念頭想法跟我們的關係、重要性或影響，以及如何處理它們（「放下」也是一種處理方式）。

　　這個練習不僅是梳理思緒，讓心更加清楚、平靜，也有助於生活中快速捕捉到念頭的出現及判斷其重要性，並且在念頭與反應之間，創造暫停和改變的契機！

時間需求

　　5 至 10 分鐘，可依需求自行增減。

練習姿勢

　　建議採取坐姿，閉上雙眼，也可以微微睜開眼睛，視線不聚焦。

觀察面向及建議步驟

① 穩定好姿勢，並以幾口呼吸讓身心安定下來。

② 觀察腦中浮現什麼念頭，如同觀看天空的浮雲，看著它們的來去和變化，不分析、不評論，也不刻意問為什麼有這些念頭想法（但如果觀察時發現引發念頭想法的原因也很好）。

③ 如果腦中空白，也允許並觀察這份空白，單純安住在覺知的本身中。

④ 觀察念頭彼此有無關聯？有無數度造訪的念頭？

⑤ 如果念頭想法引發情緒或身體反應，也一併觀察這些身心現象。

⑥ 試著以簡短字詞為念頭想法及觀察到的身心現象命名，並在心中默念，例如：發現正在思考週末行程如何安排，可默念「計畫」；當腦海浮現過去記憶，可默念「回憶」；想到昨晚看的連續劇，可默念「戲劇」。其他身心現象亦可命名及

默念，例如：輕鬆、快樂、厭煩、頭痛……等。

⑦ 結束前，將注意力再次回到呼吸，準備好之後，再慢慢睜開
　　眼睛。

貼心提醒

① 念頭想法的內容也許有正負面或對錯，但它們的「出現」卻
　　非我們能夠控制，因此「出現」任何念頭想法，沒有對錯或
　　應不應該，我們要做的就只是以平等的態度觀察它們的出現、
　　變化和離去。

② 時刻記得自己是念頭想法的觀察者，避免被其帶走或陷入其
　　中。

③ 有時刻意觀察念頭，會發現念頭反而消失了，此時可以執行
　　步驟③，允許並觀察大腦空白的時刻。

④ 如果不小心陷入思緒或情緒，忘記觀察，請再次回到呼吸，
　　等身心穩定後再回到念頭想法的觀察。

⑤ 除了以靜坐方式觀察念頭想法外，當生活中發現大腦喋喋不
　　休時，是更適合練習的時刻，此時可試著停下手邊動作，進
　　行本項練習。

⑥ 無論念頭想法何時出現，記得提醒自己「想法就只是想法，不
　　一定是事實」，再觀察看看念頭想法與我們的關係有何變化？

練習

日期	練習體驗與發現

練習

日期	練習體驗與發現

本週回顧

一週練習後，有什麼心得與發現？

練習 20

生活事件觀察

前兩週，我們分別練習觀察情緒與想法，以及它們與身體的互相影響，但並未探究引起情緒或想法的原因。本週，我們將直接面對影響身心現象的原因，整合前兩週的練習方法來觀察生活事件，嘗試了解外在刺激如何影響我們的身體、情緒、想法及行為，這也是延續練習 18「觀察情緒」——在事件發生當下即時辨識及接納情緒，才能避免累積或受制於它。

觀察面向

① 事件當下的身心經驗。例如：身體狀態、心情感受、念頭想法、行為反應或觀察到的其他現象（詳見 Part 2〈正念的覺察面向〉頁 84）。

② 也可以觀察，在記錄完上述經驗後，身體、心情、想法，又有哪些現象或變化。

貼心提醒

① 可忠實觀察當天印象最深刻的事件，也可以刻意選擇幾天觀察愉悅事件，其他幾天觀察不愉悅事件，特別是初次接觸此練習的讀者，建議先觀察愉悅事件或生活中的小確幸，較為容易。

② 無論觀察愉悅或不愉悅事件，都用相同心態和方法觀察。

③ 事情發生後，越快觀察及記錄越好，但如果不方便記錄，可以在事情發生當下先觀察，方便時再記錄。

④ 觀察面向沒有前後順序，也非填空題或寫作文，只需摘要記錄自己觀察到的現象，依觀察到的順序書寫，亦可合併記錄，不一定要分段或列點書寫。

本練習參考資料請詳註釋[16]。

練習

心情類別清單

A 愉悅　B 不愉悅　C 中性　D 其他

記錄舉例

日期	心情類別	事件摘要、當下身心經驗及事後其他發現
5月21日	A	1. 事件摘要：路過公園，聞到桂花香氣。 2. 身體：大口呼吸、嘴角上揚、全身舒暢。 3. 心情：驚喜！ 4. 想法：好香！腦中浮現桂花影像。 5. 行為：停下腳步，尋找來源。 6. 其他發現：回想起來還是很開心！全身感覺輕鬆，彷彿再次聞到花香。

練習

日期	心情類別	事件、當下身心經驗及事後其他發現

本週回顧

本週記錄的事件，彼此有無關聯？哪一種心情類別的事件居多？
是自然就是如此，還是刻意或下意識的選擇偏好？

被歸類為愉悅、不愉悅、中性或其他的事件，各有哪些共同特質？
還有哪些其他發現或心得？

練習 21

拓展覺知

在〈平等〉（頁 112）曾提到每個當下都同樣重要，因此，什麼事都不做的時候，同樣可以保持專注與覺知，其方法如同〈專注〉（頁 28）比喻的監視錄影機，不聚焦特定事物，只是看著有什麼事物進入覺知（鏡頭）範圍，這種方法稱為「開放式覺察」或「無揀擇覺察」。

本週將練習從觀察單一目標，逐漸拓展至同時覺察內、外在的一切，並平等涵容所有身心現象。

時間需求

15 至 30 分鐘，可自行分配每階段的練習時間，亦可只練習步驟①之「開放式覺察」。

練習姿勢

建議採取坐姿，閉上雙眼。如果擔心會睡著，可以微微睜開眼睛，視線不聚焦，或站著練習。

觀察面向及建議步驟

① 穩定好姿勢及呼吸後，依序觀察身體、聲音、念頭和情緒，再進行「開放式覺察」。

練習引導

● 身體：不需逐一觀察各部位，而是大範圍觀察整個身體，無論是舒服或不舒服的感覺，只需要看著它們的來去和變

化，知道那只是身體的一個部位，而不是全部，也允許自己沒有特別感覺。

- 聲音：觀察周遭有哪些明顯的聲音，但不需辨識來源或意義，只觀察聲音的質地、來去及來去間的空隙和變化。如果沒有聲音，也聆聽這份安靜。若聲音引發情緒或身體反應，也一併觀察（參考練習17「正念聆聽」之步驟⑤）。
- 想法：觀察浮現的念頭想法，以及來去和變化。如果引發情緒或身體反應，也一併觀察（參考練習19「念頭想法」）。
- 情緒：觀察此刻心情如何、情緒的來去和變化，也觀察情緒、想法和身體感覺如何互相影響（參考練習18「觀察情緒」）。
- 開放式覺察：沒有特別留意什麼，保持著覺知的開放，當出現上述或其他現象（如：氣味），觀察它們的來去和變化。如果沒有任何現象引起注意，只需要坐著，允許並觀察這份平靜。

② 結束前，請將注意力再次帶回身體和呼吸，準備好之後，再慢慢睜開眼睛，也可以觀察睜眼及起身的過程。

③ 最後，帶著覺知回到生活中的每一刻。

貼心提醒

① 無論觀察哪一個目標、有哪些感覺，都以「相同態度」觀察它們的出現、變化、停頓或離去。

② 如果不舒服的感覺令人難以忍受，可以帶著覺知照顧自己，例如：調整姿勢。

練習

日期	練習體驗與發現

練習

日期	練習體驗與發現

本週回顧

一週練習後，有什麼心得與發現？

══ 一視同仁 ══

我打開雙手，溫柔而仔細的端詳自己的手指頭。

每根手指，長度不一，長相也不太一樣。活動時的靈活度和摸起來的觸感，也有些許的不同。

大多數的人對自己的每根手指，通常都能夠一視同仁，只有在遭遇病痛、受傷時，才會注意到特定的指頭，即便如此，我知道引起自己在意的，並非手指本身，而是病痛以及其所帶來的煩憂和思考。

是否能將情緒，比擬作不同的手指頭呢？無論是高興、鬱悶、喜悅、悲傷還是委屈，它們有各自的面貌，如同每根手指的獨特性，但彼此都是平等的，沒有優劣之分。

我會喜歡某些情緒，是因為它們為我帶來「愉悅、舒服」的感受，反之我所厭惡的情緒，為我創造出「不愉悅、不舒服」的感受。但本質上，每種情緒的存在都有其意義，它為生活帶來不同的啟發、誠實反映我對事物的觀點。接納並經歷這些情緒，會發現每一段都是可敬可愛的人生旅程。

同樣的譬喻，也可以套用在想法、念頭上，聰明如你可能已經知道我下面要講什麼了：腦中瞬息萬變的想法和念頭，沒有孰優孰劣。或許有些想法激起我們的興趣，有些令人厭惡，但這樣的分別是源於我們主觀上對特定想法的價值判斷，而非想法本身。

至此，我想起一行禪師有過一段話：

請不斷的靜觀下去，直到你在最殘酷不仁的政治領袖身上、在受到最恐怖刑求的犯人身

上、在最富有的人身上、在飢餓瘦弱得不成人
形的孩童身上看到自己。

　請不斷的靜觀，直到你在公車上、在地鐵
裡、在集中營裡、在田裡勞動的人群身上發現
自己的存在；直到你在一片樹葉、一隻毛蟲、
一滴露珠和一道陽光中領悟自身的存在。

　請不斷的靜觀，直到你能在一粒微塵中和
最遙遠遼闊的銀河中看見自己。[17]

　這是多麼壯闊、精彩又美麗的正念修習旅程！就從此刻
眼前所能見到的人事物開始，若我們能體悟到：性別、年齡、
宗教、政治立場、膚色都只是我們貼上的標籤和價值判斷，
而非人的本質；非人類的生物乃至非生物，其名稱也只是意
識上的分類慣性，並非為了劃清界限或造成疏離。從一切的
源頭來看，我們都是宇宙內各種元素的組成，各有其特色，
但沒有優劣之分。我們，都是平等的。

接納

　　接納，意味著看到事情的真實樣貌。如果我們可以接納所在的人生處境，便能獲得清醒的意識，做出當下最智慧的應對。例如：看見喜歡的人愁眉苦臉、低頭不語時，不亂加猜測或挖苦對方，而是如實的看見「他正在煩惱」，接納他的情緒；當下，我們也練習覺察自己對他產生擔心或關心的情緒，然後，我們也試著接納這個情緒，再決定接下來要說什麼或做什麼。

　　接納，不代表我們需要喜歡每個當下的真實狀態，也不需要放棄選擇。如同我們接納自己的身體，是這樣的身高、胖瘦、膚色、體態等，但我仍然可以選擇喜歡的衣服並穿上它，展現出我喜歡的形象。

　　我們能夠透過練習覺察力（例如身體掃描的時候，覺察身體細微的部位有什麼樣的感受，可能舒服，也可能不舒服）來培養非評判的態度，並如其所是的接納當下的狀態，如此反而容易超越情緒的障礙；更進一步，若能覺察到一切感受原來只是生滅變化的過程，接納自然水到渠成。

　　我們也可以透過呼吸覺察，了解自己內心的真實狀態，也許很多念頭起落，也許一片清明，也許昏昏沉沉……。重點是覺知它，接納我們正處於這樣的狀態。當我們明白自己的狀況，才能夠清醒的為自己做出最好的因應。

　　接納，需要勇氣，也需要「放下」，放下預設的念頭想法，真摯的接受真實。有點難嗎？沒關係，慢慢來，練習接納的過程，本身就是極具智慧的啊！

練習 22

身體掃描

　　奠基於先前身體掃描的基礎上，在持續練習的過程裡，我們可以發現身體的感覺狀態是會改變的，例如一開始覺察到小腿會痠麻，再留心觀察幾秒後，發現痠麻的位置變了，且程度漸漸減緩，甚至幾乎沒什麼感覺；也有可能，原本沒有感覺的部位，出現緊緊、痠痠的感覺，不僅越來越明顯，範圍還越來越大，於是刻意深呼吸幫助自己放鬆，持續觀察痠緊的部位，身體的感受會不斷的改變。

　　生活中的我們往往太過專注在大腦的思考，忘記覺察身體誠實告訴我們的訊息。當了解到身體承接著我們的生活、行動、情緒與壓力，會發現其實它一直都在應對與變化。若我們可以留心觀察，給自己一段時間跟身體相處，有意識的覺知它的狀態，客觀如實的接納它帶給我們的感受，允許內在自然變化的過程，我們會有更多的領悟，也會有更多接納的喜悅。

時間需求

　　每次 20 至 30 分鐘，若時間允許每天練習 1 次。

物品準備

　　蓋毯或毛巾、墊子或椅子。

觀察面向

　　以練習 02「身體掃描」為基礎，可以在熟悉掃描順序後，稍微

拉長每個部位的觀察時間,也可以觀察更細微的部位。

如果在練習中容易昏沉,也可以鼓勵自己「多堅持一些些就好」,不過度努力,也不批判自己的練習成效不夠好,以溫和、接納、耐心、信任及非評判的態度看待身體掃描及所有正念練習。

建議步驟

① 同練習 02「身體掃描」。

練習引導

② 在掃描每個部位時,多停留一下。

③ 可以在某個感受特別明顯的部位,多停留一些時間,留心觀察此部位的感受變化。

④ 可以依需求增加練習 02「身體掃描」未列舉的身體部位。

貼心提醒

可以不用聽「練習引導」依照自己的速度練習,也可以到網路上以「身體掃描」為關鍵字搜尋,尋找自己喜歡的引導。

練習

每天練習 1 次，完成請塗滿

1	2	3	4	5	6	7	ing

記錄 1 次印象深刻的身體掃描練習，日期：

● 在下圖標示出身體感受最明顯的部位

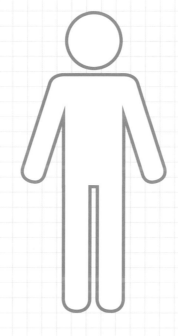

練習

- 練習後的心情

- 練習後的發現或想法

本週回顧

一週練習後，有什麼心得與發現？

練習 23

自我接納

　　在生活中，我們知道 0 到 9 的每個數字都代表它所在的位置或數量，沒有一個是不被需要的。你和我也是，組成人的每一個部位、每種情緒感受，組成獨特的我之所以是我的每種特質，也都不可或缺。重點是，覺知到自己是或不是什麼、能做或不能做什麼，清楚的覺知，接納這樣的自己，我們才能在真實的此刻，為自己完全的負責。

　　當我們能接納真實的自我，敏覺自己的特質和習性，就可以真正的做選擇。例如：覺察自己有了白頭髮，觀察到體力、體態與情緒也跟著內分泌產生變化，知道歲月帶來的痕跡與影響。我可以細細觀察和體會這些變化，知道這是自然而難以逆轉的。當我接納這一切轉變，了知這些因素相互影響後，我既可以欣賞歲月帶來的改變，也無需放棄自己的審美觀。重點是先誠實面對與當下接納，若如此，未來反而會感到更有希望。例如：選擇更恰當的照顧自己，適量減少工作時間來緩和身體與情緒的疲憊，更注重營養的補充與飲食習慣，還能增加運動次數來調劑身心。

時間需求

　　3 至 5 分鐘，連續一週。

準備物品

鏡子。

練習步驟

① 拿面鏡子或站在鏡子前，仔細、如實的看看鏡子裡的自己。
可以先從整體再到部位細節，例如先看臉部的形體、膚色，
再看眼睛、眉毛、額頭、耳朵⋯⋯，最後再回到眼睛或自己
想要注視的位置。

② 以友善與愛的口吻練習跟自己說：「**我愛你，而且我願意接
納你。**」

貼心提醒

① 若時間允許，可以視需求彈性增減練習時間，但建議每天都
練習。

② 可以先觀察鏡中肩膀以上的部位幾天，再試試可看見全身的
鏡子。

練習

每天練習 1 次，完成請塗滿

1	2	3	4	5	6	7	ing

在連續一週照鏡子並說出接納自己的語言練習後，你對自己有哪些發現？

也許是外觀、情緒、想法或行動，請做自己最真摯的朋友，以友善與愛為出發點，寫下一段話給自己。

例如：我發現自己的眼珠是深黑色的，單純的黑也挺好看！我想跟自己說：「謝謝你，雖然生活很忙碌但總能用微笑面對，請繼續凝視這可愛的眼珠子，為自己深情加油！」

● 我發現自己

練習

● 我想跟自己說

本週回顧

一週練習後，有什麼心得與發現？

練習 24

意料之外

　　突然收到一張許久不見的朋友捎來的問候小卡,雖然只是幾句話,卻讓我們倍感溫馨!但若是一位認識的朋友迎面走來,你伸手打招呼,他卻面無表情的錯身而過,當下你會有什麼感覺呢?「他怎麼了?為什麼不理我?我看錯了嗎?」也許會有好幾個疑問在心裡出現,當下也會覺得尷尬。本來預期的回應沒有發生,或者發生非預期的情況,往往會加重我們當下對事件的感受。

　　「世上唯一不變的,就是『變化』的本身」,變化在生活中隨處可見。因此,當我們遇上意料之外的事件,試著採取開放、好奇、非評判的態度來面對,接納當下,再做出適切的回應。

時間需求

　　視選擇的事件所需時間長短,從短時間(約 10 分鐘)、非預期事件開始練習。

觀察面向

① 每當著手進行一件事情的時候,覺知做此事的目的,也覺知自己該以什麼程序和方法進行,區分可控和不可控的因素。過程中保持開放、彈性與好奇的態度,有意識的覺察自己在過程當中,能看見什麼、聽見什麼、感受到什麼、發現到什麼?

② 面對非預期事件:覺知當下的心情、接納自己的感受,深呼

吸幾口,然後面對現況、接納已發生的事實。一方面感受身體,另一方面區分可控和不可控因素,想想現在最重要的是什麼——我可以怎麼照顧自己,並改善情況?以好奇、非評判、善意的方式回應。

建議步驟

① 在需要參加的會議、課程、任務或活動裡,知道自己要完成的目標是什麼,並知道為此要採取的行動。

② 帶一點覺察在呼吸上,提醒自己以開放、好奇、接納、非評判(包括對自己)、善意的態度,來面對過程當中可能發生的一切。

③ 當非預期的事情發生,保留覺知以感受事發當下的心情、身體感覺,再深呼吸幾口。

④ 面對現況、接納已經發生的事實,覺知此事可控及不可控的因素。

⑤ 想一想,當下什麼最重要?我可以做什麼來照顧自己、並改善情況?再給出回應。

貼心提醒

① 不抓取也不抗拒悲傷、難過或歡喜、愉悅的情緒,知道自己有這些情緒,接納這些情緒,但不過度沉浸在情緒中。

② 如果出現自責的情緒,先覺察並接納自己有這樣的情緒,提醒自己「我**已經夠好**但**難免有疏失**」,平靜後再如實的區分哪些可控、哪些不可控,幫助自己客觀、彈性的回到事件中。

練習

在生活中，選擇一件事記錄下來

- 事件類別
  □工作 □學習 □生活 □家人 □運動 □其他

- 屬性
  □預期 □非預期

- 這件事發生在

- 身心感受

- 接納事實

- 覺知因素

- 什麼最重要

- 回應行動

本週回顧

一週練習後，有什麼心得與發現？

練習 25

發現選擇空間

　　生活中，我們可能看過這樣的情況：小孩不乖乖吃飯，還打翻碗，大人見此立刻怒火中燒，馬上大聲斥責孩子，接著孩子哇哇大哭、大人怒吼，搞得一團亂⋯⋯。

　　於德國納粹集中營存活下來的心理學家維克多·弗蘭克（Viktor Emil Frankl）說過：「刺激和回應之間，存在一個空間，在那個空間裡，我們有能力選擇回應的方式。成長與自由就存在我們的回應之中。」[18]

　　在我們受到外在刺激之後，到給予回應前，即使只有極為短暫的時間，我們仍可以選擇回應方式，使事情往較好的方向發展。時常練習「覺知當下」，覺察「刺激」的出現，接納自身的感受，再選擇回應的方式，持續練習，會發現選擇空間變大、能有更多選擇。

時間需求

　　於事件發生時（約 1 分鐘），每週 3 次以上。

物品準備

　　視事件而定。

觀察面向

　　① 當事件發生時，覺察自己的身體內在感受、情緒、想法，覺知自己的慣性思維／反應。

② 觀察慣性思維或反應，與經過清醒意識的覺察後做出的判斷與回應，有什麼差別？

建議步驟

① S（Stop）：先停止行動、不急著反應。

② T（Take a breath）：將注意力放在呼吸上，深呼吸也可以。

③ O（Observe）：覺知自己身體內在的感受和情緒，亦可標記情緒。

④ P（Proceed）：回到當下，問問自己現在什麼最重要？我可以做什麼來讓情況變好呢？再給予事件回應。

貼心提醒

① 如果發現情緒波動大，在覺察後可以看向眼前的物品或對象的衣服、臉部線條等，將自己帶回客觀的空間，再做回應。詳細作法亦可參考〈使用說明〉中「溫柔提醒」第 2 點。

② 回應結束後，可以在安靜的地方重新咀嚼此事，以善意、同理的方式來釐清自己當時的念頭想法，並盡量以友善的態度來確立對此刺激事件的觀點。例如：發表時，聽眾正在打瞌睡，同理對方可能真的很累，對方願意來聽而非直接離席，也代表他想聽，只是撐不住瞌睡。能這樣想，下次再遇上相同情形時，自己比較不容易被激怒或認為對方不尊重，化解了原本可能是刺激的事件。

練習

本週練習　　　次

選擇印象深刻的練習記錄

發生時間	覺察到的慣性 （當下的感受、 情緒、念頭）	正念後的回應	以友善建立對刺 激事件的觀點
日期： 時間：			
日期： 時間：			
日期： 時間：			

練習

發生時間	覺察到的慣性（當下的感受、情緒、念頭）	正念後的回應	以友善建立對刺激事件的觀點
日期： 時間：			
日期： 時間：			
日期： 時間：			

本週回顧

一週練習後，有什麼心得與發現？

26 自由練習

1. 這一週我想要安排的是：

☐ 送給自己一週的休息

☐ 我想溫習：練習

☐ 我有自己的好點子！創造屬於自己的正念練習！

　　● 這週想要正念觀察的對象（某個人事物、活動或情緒）：

　　● 預計會花費　　　　分鐘

　　● 在這一週裡我想練習　　　　次

2. 無論是休憩、溫習還是創新，這週過完後，我有什麼心得感想呢？

日期	練習項目	我的發現

══════ 舞臺前的一刻 ══════

　　誠實面對自己的不夠完美或理想已相當困難，還要**接納**生活中不夠好的事實，甚至還得面對充滿挑戰與困難的人生處境，「接納」是不是太過虛幻的事啊？但人生，有時就真的難以預料！

　　一天早上，整個團隊正在忙碌工作中，面對期待演出的觀眾，我們既緊張又期待，開演的前一刻，一位站在舞臺邊的資深前輩突然攔住正要上臺開場的我，大聲的質問起一件與此刻不相關的事，問我怎麼會不知道，連帶抱怨起身邊其他夥伴，一旁的長官欲言又止，想打圓場但又難以說些什麼，半張的嘴又閉了起來。當下見狀，覺察到自己的心跳快速，除了急著想準時上臺，也覺得對方故意找碴，呼吸一口便順勢接納當下的問句與態度，我迅速的看著對方的眼睛、坦誠的說：「對，我真的不知道。」前輩愣住之後沒有繼續抱怨，我便走向臺前拿起麥克風開始活動。我知道觀眾會聽見前輩的話語，也知道對方選在此刻發作脾氣會引來的觀感，更知道這是對方的慣性——在不同的團體面前，會習慣踩一下主角。不管這對團隊帶來怎樣的殺傷力，他總說自己是坦蕩率直、光明正大、勇者無懼的人。

　　節目順利結束後，有位觀眾私下來跟我分享，說他聽見那位前輩的話，雖然不知道對方在質問什麼，但他覺得很不妥，我以重複他的語句提問來表示理解，他又繼續述說自己的看法，認為前輩應該怎麼做才適切。我帶著微笑，真誠的感謝對方這麼用心的將一切看在眼裡，還給了我們建議。沒有允諾將他的建議帶回給前輩或長官，我知道自己做不到，

也不想引起誤會或爭執。

　　回顧此事，慶幸自己當時真誠的面對前輩的質詢，坦承並接納自己的感受、情緒、念頭，而且知道當下什麼是最重要的事，心情沒有受到影響的專注做事，順利完成自己角色的任務。感謝自己平時累積的正念練習，在潛移默化中轉變了慣性，一改以前據理力爭的個性，在關鍵時刻沒有爆發負面情緒，接納前輩眼中的自己，同時也接納自己沒有要卑躬屈膝的道歉。

　　後來，再與前輩相處時，對方沒有了當時那咄咄逼人的氣勢，而是多了幾分溫和……。哈，看來，我又有新的事物要接納了！

信任

「練習正念，就是練習負起做自己的責任，學習傾聽與信任自己。」

──喬・卡巴金博士，正念減壓法（MBSR）創始人 [19]

在學習正念時，有一個最簡單的**信任**，就是知道我們無時無刻不在「呼吸」，相信即使不刻意控制身體，它仍在呼吸。透過覺察呼吸，知道我們就在這裡，與自己的身體、心靈同在，僅只是觀察自己的呼吸，就能感受到身體與心靈帶來的訊息。

在身體掃描時也是，相信覺察到的身體感受，相信五感的運作，並且尊重這些感受，接納後給予適度回應。有些人在剛開始練習身體掃描時，會發現原本沒感覺到的身體感受，例如覺察到喉嚨乾、緊，才想起今天喝太少水又說太多話，於是讓自己適度的休息和多喝水，留心照顧喉嚨。這便是在練習正念中，學習傾聽與信任身體的訊息。

信任自己的身體有療癒的能力，信任自己的內心有智慧的潛力，更信任自己其實是值得幸福、平靜與活力。當我們以「信任」的態度來練習正念時，除了增進自信外，更可能和這個世界產生親近的連結感，並試著友善對待周遭的人、事、物，產生互信的善意循環。

練習 27

信任身體

　　雖然我們可以自主決定呼吸的快慢深淺，甚至暫時憋氣，但我們的身體，仍然有一些部分，負責調節呼吸：它們接收體內各種訊號，從而影響呼吸的樣貌。好在人體有這樣的功能，當我們睡著、注意力不在呼吸上時，呼吸仍然能夠順利進行。

　　關於信任身體的正念練習，以「呼吸」這個忠實的盟友作為起始再好不過，它隨時都在、隨處可練。

　　這個練習，就像是做更長時間的練習 09「呼吸觀察」，但是更強調過程中對身體的信任，我們只需保持清醒的陪伴在呼吸旁邊，試著放下一切對呼吸的控制，讓呼吸「自己呼吸」。

時間需求

　　約 15 分鐘，也可視需要自行增減。

建議步驟

練習引導

① 找一個不被打擾的空間，用舒服的姿勢練習，坐著、躺著或站著都可以。

② 跟練習 09「呼吸觀察」所進行的準備一樣，邀請注意力放在呼吸活動最明顯的身體部位：鼻端、胸口或腹部。

③ 如果環境安全且需要加強集中的話，可以輕閉眼睛或將視線下垂。

④ 有意識的放下對呼吸的控制，體驗呼吸自然發生的過程。感
　受呼吸乃至全身自有的動力與節奏。

⑤ 結束時，不妨在心中輕柔的向身體說聲：「謝謝！辛苦了！」
　感謝身體一路走來的踏實陪伴。

貼心提醒

頭幾次練習時，可能會發現自己越是想要放下，反而越緊張、
越容易控制呼吸。這是很常見的，有幾種作法可以參考：

① 改成專注於「全身的感覺」，減少注意力的過度聚焦，也可
　多留意身體和物品的接觸面（例如臀部和椅子）。

② 如果你願意，也可以就和這種有點緊張的感覺同在一會兒，
　帶著好奇心，看看接下來會有什麼發展？（若想深入練習這
　個部分，可參考練習 12「與困難共處」）

③ 如果留意到某些想法引起內心緊張，可以花點時間探索誘發
　這些想法的因素，而這些想法與事實相符嗎？這個過程，哪
　些部分屬於身心的慣性反應？對於這些想法，我們還有不同
　的回應方式嗎？（若想深入練習這個部分，可參考練習 33「放
　下慣性」）

④ 持續的練習可以幫助適應與緊張共存，習慣後，就讓緊張感
　自由來去吧。

練習

日期	我的發現

練習

日期	我的發現

本週回顧

一週練習後，有什麼心得與發現？

練習 28

正念抉擇

　　回想一下，曾做過哪些印象深刻的抉擇，當時如何做出決定？是深思熟慮、出於習慣，還是衝動下做出的決定？做決定之前和之後，心情、想法和身體感覺又如何呢？例如選擇參加聚餐的服裝時，也許會想到聚餐後會拍照，所以想穿亮一點。選擇的過程，看著某件衣服感到愉快、嘴角上揚，腦中浮現「就穿這件吧！」穿上選好的衣服後，充滿自信、踏著輕快的腳步出門。

　　面對抉擇時，我們時常因擔心做出錯誤或無法挽回的決定，而感到壓力和不安，此時可透過收集客觀資訊和數據輔助做決定。

　　然而，在有關個人的議題上，如同諺語「彼之蜜糖汝之砒霜」，時常沒有「最佳」決定，只有「最適合自己」的決定，例如學校、職業、伴侶。我們可以透過正念進行自我探索，以列出個人需求考量（偏好、顧慮或價值觀）和評估其重要程度。

　　本週請嘗試找一項需要花一點時間評估的個人抉擇議題，例如購買哪項物品、是否執行某件事，以正念幫助自己做決定，如果有需要，也可以搭配任何自己熟悉的決策輔助工具。

時間需求

　　依抉擇議題的難易程度，分配所需時間，若無法於 1 次練習中完成，亦可分階段或分天進行。

準備物品

① 紙筆或可處理文書的電子產品。

② 適合書寫或操作上述電子產品的空間。

觀察面向及建議步驟

① 以幾口呼吸讓身心安定下來，觀察自己面臨抉擇時的心情、想法和身體感覺，並問問自己，為何需要做這個抉擇、有無必須做決定的期限？

② 列出目前最精華的選項以及做決定時的重要考量。可參考下頁案例，將選項和考量畫成表格。

③ 觀察每個選項和考量帶給自己的身心感受，例如輕鬆、平靜、煩惱或不安，可採評分的方式將感受強弱量化呈現。

④ 如果需納入其他人的意見，也可以邀請他們一起進行以上過程，或徵詢其意見後再進行評分。

⑤ 計算每個選項的分數，並由高至低排序，再次觀察此時的心情、想法和身體感覺後，做出決定。

貼心提醒

① 下頁案例僅供參考，可以使用自己習慣的決策輔助工具，也可不使用任何工具，純粹以正念觀察自己面對各選項優缺點和考量時的身心感受。

② 有時身體及情緒無形中洞察的比頭腦更多，真的很難抉擇時，相信身體的感覺吧！某個選項若讓身體感到有力量、能量且

較安定，可能就是它了；反之，若感到不安、緊張和侷促，看似合理的選擇也最好重新評估。

③ 做出決定後，將由自己執行及承受結果，因此評分或徵詢他人意見僅為輔助抉擇，若有超越分數但難以名狀的感覺，只需要觀察這個感覺對自己的重要性，做出讓自己感到相對安心的決定即可，他人意見亦是僅供參考，不需勉強自己照單全收。

④ 完成練習後，信任自己已盡可能深思熟慮後做出決定。

⑤ 如果是可調整的決策，也隨時關注決策後的情形，視需要調整。

參考案例

- 抉擇議題 → 要買哪一款背包？
- 為何需要做這個決定 → 舊背包不堪使用，需盡快更換。
- 做決定的期限 → 下週末旅行前

選項 ＼ 考量權重	價格 ★★★	耐用性 ★★★	尺寸容量 ★★	外觀 ★★	防水耐汙 ★	減壓背帶 ★	分數	排序
A 背包								
B 背包								
C 背包								

練習

日期	練習體驗與發現

練習

日期	練習體驗與發現

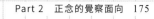

本週回顧

請寫下這週練習體驗及心得，例如事情發展、對這個（些）決定
的信心。

到目前為止，對這個（些）決定感到正確、不安、後悔或還在觀
望中呢？

練習 29

家庭關係

　　「後座的兩位孩子不知怎麼的開始鬥起嘴來，我豎起耳朵聆聽，還沒來得及開口，正在開車的先生已回嘴其中一方，後座又傳來幾句爭辯。我輕輕呼吸一口氣，安頓自己的情緒，覺察到當下最重要的是提醒先生專心駕駛、注意安全，於是以手撫觸先生手臂，暗示他暫停回應、好好開車，再以平穩的語氣請孩子們先暫停，提醒他們覺察自己發生爭執時的慣性，都調整好自己後再說話。

　　先生轉而哼起歌來，大的孩子偷笑，小的孩子則向我伸手，以牽手尋求支持。」

　　與家人相處，往往容易將彼此的付出視為理所當然，因而產生爭執。以呼吸覺知當下，意識到自己正與家人相處，覺察自己的慣性思考與回應是否造成良性或負面的互動，不論何者，都相信自己的覺察有助於自己與家人相處。

　　另外，即使天天回家、與家人共處一室，也需要我們留心以正念互動、陪伴，刻意的保留正念相處的時間，能讓我們更理解家人，也讓對方感受到被重視。

時間需求

　　每次 5 至 10 分鐘，每天至少 1 次。

建議步驟

① 觀察家人的神情、行為、情緒與需求。

② 覺知自己的慣性反應，並嘗試帶著覺察回應。

③ 全然的與對方同在。

④ 覺知自己在相處時，內在的身體感受、情緒、念頭。

物品準備

視對方狀況而定，即便自己有所準備，也不強迫對方接受。

貼心提醒

「打開心門，嶄新而且新鮮地去看對方和這份人我關係，同時也打開心門迎接對方的觀點。」

——《減壓，從一粒葡萄乾開始》[20]

① 帶著上面這句話來看待練習的對象，對象至少一人，可重複、每天輪替或與複數對象同時相處。

② 亦可以使用視訊、電話進行練習。若不便以家人為對象，朋友或寵物亦可。

記錄練習的日期與對象

日期

對象

日期

對象

記錄其中 1 次印象深刻的正念相處及發現

● 陪伴的對象及一起做的事

● 對方的感受、情緒、想法

練習

● 自己的感受、情緒、想法

● 其它發現

本週回顧

一週練習後，有什麼心得與發現？

練習 30

職場正念

　　在工作職場上，需要的是發揮個人價值，也為組織創造價值。一起共事的人，也許合作、也許競爭，也許在不同的立場或職務上有意見衝突，但仍能保持一定的禮貌與和諧。職場中若能保持正念及清醒的意識，不只能因專注而有更好的效能，對組織、人際關係也有幫助。

　　以正念態度應對職場時，可以先思考、釐清以下幾個面向：

1. 關於職務：了解自己的優劣勢，理解、接納、信任的同時，保有成長型思維，不責難、也不過度強求自己不擅長或感到吃力的事情。理解自己的存在是被需要的，但也是可取代的。對組織而言，沒有一定必須要誰，但如果此刻需要自己，那就是對於組織當下最好的決定，珍惜此刻被需要的時光，盡力做好能做的事，也在過程中精進自己。

2. 關於效能：處理事情以「一次一事」為基本原則。開始前先依照輕重緩急安排好順序，並盡量讓自己處在能專注的時段和空間，專注處理完一件事再繼續下一件，專注不只能更快完成事情，也能減少錯誤、提升品質。萬一中途受突如其來的訊息影響，擾亂原訂計畫，除了運用練習 24「意料之外」的方法外，也可以按輕重緩急再次排定計畫，再繼續專注工作。

3. 關於共事：與同事之間的應對進退，除了以正念進行溝通（練習 44「正念傾聽」至練習 47「正念溝通」）外，面對彼此間的競合，應發展每個人的特色，知道彼此的需求、目標，允許彼此擁有可能的發展空間、界線與責任。如同商界發揮創意、各自取得生存商機的藍海策略 [21]，而非採取削價競爭，以至於利潤低於成本、關門倒閉的紅海策略 [22]。

4. 利害關係：理解人性的本質是為自己著想，如果因為利害關係而傷了人，相信自己並非出於單純的惡意。然而，在面對的當下，記得保有選擇的空間（練習 25「發現選擇空間」），盡量降低傷害程度，選擇更友善、周到的處理方式。

5. 關於輿論：理解喜歡打聽或交換消息的人，多半是缺乏安全感卻又想把事情做好，所以藉由言語討論獲得可能的預測或答案。有些人則透過發表己見和評論，試圖獲得認同、形成影響力。面對輿論，保有意識的覺知自己是否在前往目標的軌道上，清楚而磊落的前行，並審視自己是否對他人造成傷害？帶著善意和真誠應對職場上的每個人，不期許對方改變，並透過互動更理解對方一些。無論輿論是否跟自己有關，都理解這只是談論者的擔心和關注。如果需要澄清，以平靜穩定的心用正念面對。

時間需求

2 至 3 分鐘，工作日每天 1 次。

觀察面向

① 覺知自己所處的團體及位置，相對負有的權力與義務，不越界，也不因害怕責難而推卸責任。

② 討論時意見相左的聲音，是對方思考特色及勇氣的展現。珍視多元觀點及意見，並覺察自己面對挑戰或質疑時的感受。在方便的時候，以肯定、欣賞的語句說出具體事實，真誠表達善意，覺察此刻自己與對方關係的變化。

③ 保持醒覺的狀態投入工作，專注當下正在忙的事情，一段時間後離開座位、休息幾分鐘後再次投入，開始前先檢視進度、確認工作方向與品質後再繼續，試著運用「專注—休息—審視」的循環來完成一件工作。

④ 在繁重、忙碌的工作中，為自己保留幾秒鐘的時間，停下來、單純感受呼吸。覺知這短暫的時間確實存在，有這樣的時刻可以照顧自己。

建議步驟

使用 SIY 課程獨創的 SBNRR 練習[23]。

① S（Stop）：暫停行動或手邊工作。

② B（Breathe）：吸幾口氣，注意自己的呼吸。

③ N（Notice）：覺知當下的身體感受、團體氛圍。

④ R（Reflect）：想一想「現在什麼最重要？」

⑤ R（Respond）：調整自己的語氣並以合適的方法給出回應。

貼心提醒

① 以清醒的意識專注在工作上時，有時會清楚感受到因情緒而分心的狀況，此時可藉由 SBNRR 練習照顧好自己，再繼續專注工作。

② 職場上，掌握的資訊越多，可選擇、運用的方法也越多，但資訊的正確性與良善性，必須靠智慧檢視和選擇，喬·卡巴金博士的正念九大態度（非評判、初心、耐心、信任、無為、接納、放下、感恩、慷慨），於職場上也相當受用唷！

練習

完成 1 次請塗滿

1	2	3	4	5	6	7	ing

選擇 1 次印象深刻的練習記錄，日期：

- Stop（暫停行動），我停下

- Breathe（注意自己的呼吸），我將呼吸的注意力放在鼻尖／腹部

- Notice（覺知當下的身體感受、團體氛圍）
  我發現身體感覺

  也發現現在大家

- Reflect（現在什麼最重要？），現在最重要的是

- Respond（調整語氣並以合適的方法回應），我的回應是

- 現在回想這件事，以及寫下記錄時的感受、念頭、情緒

練習

釐清自己的職場哲學

經過一週練習，回過頭來審視自己的職場哲學。在正念思考後，把自己當作是自己最好的朋友，寫下想對自己說的話。

面向	具體觀察到的事	給自己的話
關於職務		
關於效能		
關於共事		
利害關係		
關於輿論		

本週回顧

一週練習後，有什麼心得與發現？

===== 醫療抉擇 =====

　　有位學員在一次檢查時得知自己有複雜性子宮內膜息肉，由於這種症狀有轉化惡性腫瘤的風險，所以需要透過手術切除並定期追蹤，在後續追蹤檢查出息肉復發而再次手術，後來，醫師在評估她的年紀後，建議她考慮切除子宮，一勞永逸。

　　對她而言，保留子宮需要定期追蹤、多次手術及持續用藥，除了內心擔憂息肉惡化的風險外，追蹤檢查及手術也帶來身體和交通的負擔，然而拿掉子宮，雖然免去上述負擔，但也意味著放棄生育能力，且不可恢復，因此，她在做決定前，比較切除或保留子宮的優缺點，並以正念觀察這兩個方案帶給自己的想法、情緒和身體感受。

　　她認為，即使已屆不建議懷孕的年紀，卻不想放棄生育的機會，並觀察到切除子宮的方案讓她感到強烈的不安與身體極度不舒服，於是，她告訴醫師，她選擇比較「麻煩」的方案——保留子宮，持續追蹤。

　　後來幾年，即使她仍然覺得持續追蹤檢查很花時間，但也同時記得這是為了保留子宮做的努力，雖不至於甘之如飴，卻能坦然接受，甚至在新冠肺炎疫情高峰期，臺灣的醫院暫停所有非緊急的手術，即使追蹤檢查發現息肉復發也無法進行手術，所幸後來幾次追蹤檢查也發現息肉仍維持相同數量，似乎不切除也無大礙。

　　她很清楚當時息肉數量不變或未轉化惡性腫瘤不代表永遠如此，即使有一天無可避免的轉化為惡性腫瘤，甚至需要切除子宮，她仍不後悔自己這個決定，因為她信任自己已為

健康盡最大努力，更何況，最壞的情況還沒發生，還是值得
為自己的身體完整性多爭取一些時間。

　　她知道自己的觀點不一定適用其他人，也可能不符合醫
療最佳建議，但她信任這個在兼具客觀資訊及正念觀察下的
決定，就是最適合自己的決定。

放下

放下，是允許過去的過去、允許從有到無，也允許自己前行，它既是態度、狀態，也是行動。

一個常與「放下」一併提及的詞彙是「接納」，以魯米〈客棧〉[24]一詩來比喻，無論是喜悅、沮喪、吝嗇的客人，邀請他們進門，是接納，送他們離開，是放下。

因此，「接納」是允許它們來，允許它們存在，也允許它們現在的樣子，「放下」是允許它們離開，也允許它們不曾到來，無論我們喜歡或不喜歡、想要或不想要；如同喬·卡巴金博士在《正念減壓初學者手冊》所言：「放下類似於不執著，尤其是不執著於結果；不再緊捉我們想要的、我們已執取的，或我們必須要擁有的。放下也意味著不執取我們最痛恨的、我們極端厭惡的事。」[25]

放下，是主動的行動，而非無力或被迫放棄。練習放下，一開始可能需要花些力氣，或伴隨身體感覺、情緒感受或念頭想法的擾動，保持耐心，就有機會覺察擾動逐漸平靜；回歸平靜的速度，依放下的對象及熟練度而異，沒有對錯或好壞。

如同立姿伸展，將上舉的雙手緩慢放回身體兩側的過程，會感覺雙臂移動的力量、在不同位置的重量、皮膚和肌肉的鬆緊變化，直至雙手完全放下後，感覺到輕鬆。有意識的放下雙手，與剪斷木偶提線時的驟然崩塌，是全然不同的狀態。

放下，也如同行走，每次腳掌著地，可能是為了停止，也可能是為了提起另一個步伐，以便前進、轉彎或後退。

放下，也在呼吸之間，放掉已完成任務的氣體，才能吸入此刻

身體需要的氣體。

　　放下，也是練習專注的關鍵能力——每次發現心思飄移時，能放下讓自己分心的事物，也放下對自己或其他事物的責怪，才能將心再次帶回專注的目標上。

　　當越來越熟練，能送走那些留不住、不需要留下或可能有害的一切後，就能釋放更多時間、空間和力氣，好好照顧自己，或去關注更重要的人事物，有意識的選擇停止或行進的方向。

　　能學會放下，才有能力分享，如同中文的「舒」，由「舍」和「予」組成，捨得放下並能給予分享時，身心將更輕鬆自在。

練習 31

釋放空間

放下，是需要練習的行動，本週我們先從看得見的物品開始。

時間需求

15 至 30 分鐘。

前置準備

選擇一個想整理的空間，空間大小不限，例如：衣櫥、書櫃或書桌，甚至一個抽屜、筆筒，也可以是手機或電腦裡的應用程式、檔案、照片、電子信箱。

觀察面向與建議步驟

① 以幾口呼吸安定身心，試著想像此空間清理後的樣子。

② 開始整理空間，將物品進行分類，例如：留下、丟掉和「再想想」，並清掉最想丟掉的物品。

③ 依序拿起「再想想」的物品，觀察自己看著這些物品時，有什麼身體感覺、心情感受及念頭想法。

④ 問自己「要留下或丟掉它？」分別觀察想留下或想丟掉每項物品的身體感覺、心情感受及念頭想法。

⑤ 決定各項物品的去留，如果難以抉擇，仍可以繼續放在「再想想」，並重複步驟③至⑤，直到只留下最想保留的物品，並將它們安放在適合的位置。

⑥ 每次完成整理後，請觀察這個逐漸改變的空間，並以呼吸覺
　察結束這次的練習。

貼心提醒

① 這個練習並非學習快速整理術，而是透過評估物品的去留，
　觀察「放下」的身心現象。

② 如果想整理的空間無法在一次練習中整理完畢，可以隔天繼
　續練習，甚至可以觀察每天看著同一個空間時，身體、心情
　和想法有什麼變化。

練習

日期	整理的空間和過程	有哪些身體狀態、心情、想法或心得

練習

日期	整理的空間和過程	有哪些身體狀態、心情、想法或心得

本週回顧

　　一週練習後，有什麼心得與發現？

練習 32

釋放時間

　　本週，請試著以類似上週釋放空間的方法，練習盤點並放下佔據我們時間的人、事或關係。

時間需求

　　15 至 30 分鐘。

觀察面向與建議步驟

① 在心中選擇一個想要整理的目標，也許可以先盤點一天的例行活動分別花多少時間，以及跟哪些人、事、物有關，也可以聚焦於某個特別花費時間的特定目標，例如：LINE 群組、Facebook 社團或粉專、YouTube 或短影音頻道、各種社群平臺好友或追蹤名單。

② 評估這些例行活動或社群平臺清單，哪些需要保留、刪除或「再想想」。

③ 觀察自己在評估及執行過程中的身心感受和念頭想法，特別是那些需要「再想想」的例行活動或社群平臺清單，問問自己：「它們對我的意義是什麼？」

④ 感受時間空出來後，觀察到什麼身心現象？自己如何使用這些時間？以及時間的流速。

貼心提醒

　　每次練習前後，同樣可以給自己幾分鐘時間做呼吸觀察練習。

日期	整理目標	身體狀態、心情感受、念頭 想法或其他觀察

日期	整理目標	身體狀態、心情感受、念頭想法或其他觀察

本週回顧

一週練習後，有什麼心得與發現？

練習 33

放下慣性

　　我們的情緒、思考、行為，通常受到基因、生理因素、成長環境、過去經驗等因素形成的「慣性」影響。

　　在如 Part 2 及練習 25「發現選擇空間」曾提到，慣性，有時可提升效率，有時可避免危險，但部分慣性卻有不良影響，例如：無法克制食慾而導致體重增加或引發疾病；反射性攻擊他人，造成傷害他人或互相傷害的惡性循環，如果能在覺察到慾望或衝動的時刻，暫停一下，或許有機會發現其他選擇。

　　在練習 25「發現選擇空間」，我們學習透過「STOP」接納事件已經發生，而後透過覺察，發現刺激與回應之間的「選擇空間」，但有時面臨困難事件時卻不容易想起這方法。

　　因此，本週，將試著觀察生活中的各種習慣，並以「STOP」練習「放下慣性」。如同打掃環境，平常隨時清潔，大掃除時會更輕鬆，若我們能將「STOP」融入生活中，當情緒起伏較大時，能更容易應用、更快發現回應的「選擇空間」。

時間需求

　　5 至 10 分鐘。

練習時機

　　發現自己陷入某種行為、思考、情緒慣性，或任何想停下來的

時機，例如：滑手機、追劇、購物、聳肩、閉氣、走路、跑步、依賴或渴望某些感官享受（抽菸、喝酒、食物、氣味、聲音、視覺……等）、抗拒、忍受、討好、責怪（自己或他人）、逃避、辯駁、填滿行程、過度承擔責任、堅持己見、角色或任務切換之間……等。

建議步驟

① S（Stop）：適時停下行動，包括身體動作及大腦思考。

② T（Take a breath）：進行幾次呼吸，自然呼吸或深呼吸皆可。

③ O（Observe）：以開放式覺察（練習 21「拓展覺知」步驟①）觀察身心有哪些明顯現象，並觀察它們的來去和變化。

④ P（Proceed）：問問自己，我現在想做什麼？然後進行後續行動。例如：從快走變慢走、停下來，或繼續快走；選擇拒絕或繼續吃甜食。

貼心提醒

① 經過 STOP 後，無論維持原有行動或做出其他選擇，都沒有對錯，重點是在停下那刻，就已經放下慣性，即使是維持原有行動，也是有覺察後的行動。

② 可以觀察維持原有行動和改變行動，分別有什麼發現。

練習

STO 練習過程與觀察重點

「S」停下的事件　「T」呼吸次數或時間長度

「O」觀察到的身心現象

「P」的行動類型清單

A 維持原有行動　B 做出其他選擇　C 其他

日期	STO 練習 過程與觀察	「P」 行動類型	練習後的發現

練習

日期	STO 練習 過程與觀察	「P」 行動類型	練習後的發現

本週回顧

一週練習後，有什麼心得與發現？

練習 34

自我寬恕

　　人非聖賢，孰能無過。我們有時會不經意的傷害他人，而他人也可能傷害我們。這些傷害多數來自於「慣性」，若能即時發現並停下慣性，傷害可能不會發生（詳見練習 33「放下慣性」），但若因為力有未逮或其他因素，傷害仍然發生了，此時，最重要的是照顧受傷的人，特別是「照顧自己」。

　　知名禪修導師傑克・康菲爾德在《當下即自由》一書曾提到：「原諒自己和他人是療癒的基礎。如果不寬恕，我們的生活就上了枷鎖，被迫一再重複過去的痛苦，無法解脫。」[26]

　　因此，本週請嘗試每天挑選一件近期自己曾造成他人或自身不良影響的生活小事件，以 RAIN 的口訣練習辨識、允許、探索和滋養自己受苦的身心，透過自我寬恕，放下對自己的身心枷鎖。

　　當熟悉自我寬恕的方法後，可嘗試以相同方式寬恕他人，甚至應用在更困難的情境，期望我們的心無論在經歷微微細雨或狂風暴雨，都能「雨過天晴」。

時間需求

　　5 至 15 分鐘。

練習姿勢

　　可以坐著或躺著練習，可以將眼睛閉上，或微微睜開眼睛，不

聚焦在任何地方。

建議步驟

① 準備好練習姿勢後，請先將注意力放在呼吸和身體，讓自己
　　沉澱片刻。

② 請試著回想最近自己曾經有意或無意傷害他人或自己的事
　　件，例如脫口而出的不當言論、因忙碌而忽略照顧家人或自
　　己、因沉溺享受或怠惰而影響生活或他人。如果這個事件是
　　自己傷害了他人，也試著體會自己的行為造成對方哪些不良
　　影響，例如：傷心、生氣、不方便、時間或財物損失、身體
　　傷害⋯⋯等。

③ 雨過天晴（RAIN）

- R（Recognition）：「辨識」自己想到這個事件時，有什麼
　　情緒，試著為它命名（參考練習 18「觀察情緒」）。

- A（Allow）：感到傷心、生氣、後悔、慚愧或其他情緒，
　　都是正常的，「允許」自己有這些情緒。

- I（Investigate）：「探索」自己的情緒、身體、想法有哪些
　　現象，觀察它們的來去和變化，以及它們的互相影響。

- N（Nourish）：以慈悲「滋養」自己的身心，例如：將手
　　掌放在胸口或身體感受最明顯的部位、將雙掌交叉雙臂自
　　我擁抱、試著理解及原諒這些傷害行為來自慣性，也可以
　　試著重複對自己說「我原諒自己」、對自己或他人送出祝
　　福，或只是安靜的陪伴自己，觀察自己在練習過程中的身

　　　心變化（亦可參考練習 41「自我慈悲」的方法滋養自己）。

④ 結束之前，再次將注意力回到呼吸和身體，準備好了再將眼
　　睛睜開，帶著這份寬容，回到生活中。

貼心提醒

① 自我寬恕並非不負責任或傷害他人的藉口，為了避免因慣性
　　傷害他人，請多做練習 33「放下慣性」，但傷害若已造成，
　　也請記得先用 RAIN 照顧好自己，並勇敢承擔及彌補錯誤。

② 若將此方法應用於寬恕他人，請嘗試理解人們的負面行為多
　　來自於慣性與內心煩惱。最大的敵人不是那個人，而是人類
　　內心的煩惱與慣性思維，但這不代表認同造成傷害的行為或
　　言語是「對的」，也不需忍耐或容許傷害持續發生。

本練習參考資料請詳註釋 27。

日期	事件摘要、練習體驗與發現

練習

日期	事件摘要、練習體驗與發現

本週回顧

一週練習後，有什麼心得與發現？

═════ 關機，下班 ═════

　　上班和下班，是考驗責任提起和放下的時機，尤其是新冠肺炎襲捲全球，居家工作蔚為風潮後，上班時間可能需要處理家務、陪伴在家遠距上課的孩子，或下班後繼續執行工作任務，考驗切換不同角色責任和時間分配的智慧。

　　有位學員在新冠肺炎疫情降溫，回辦公室工作後，仍在面臨這種考驗。她的公司在疫情期間建置可居家工作的遠端作業系統，後來恢復辦公室上班後仍持續運作，員工無論在哪裡，只要辦公室電腦沒關機，就能用任何行動裝置上網連線至辦公室電腦，因此外出開會再也不擔心忘記攜帶檔案，下班後可以繼續在家加班，不必擔心在公司加班太晚趕不上公車或捷運，所以她的辦公室電腦通常保持 24 小時開機。

　　一段時間之後，她發現上下班的界線似乎比居家上班期間更模糊了！她原本覺得回家可以繼續工作，會減輕在辦公室的時間壓力，事實上，她回家後的身心能量其實多半已耗盡，因此無論下班後是否連線工作，都讓她感到折磨，特別是沒有連線工作的夜晚，時常因為罪惡感而導致睡眠品質不佳。

　　她反問自己，若疫情前不需要天天加班，為何有遠端作業系統後，反而時常在家加班呢？她發現工作量在疫情前後並沒有太大區別，但是有遠端作業系統後，在辦公室時覺得還可以回家繼續工作，因此並未專心工作，在效率不佳的情況下才需要回家追趕進度。

　　於是，她重新調整工作步調，上班時全力以赴，盡量在辦公室完成當天進度，除了特殊情況外，離開辦公室前就將

電腦關機，在下班那刻真正放下工作，回家好好休息和陪伴家人。這個調整，讓她大幅降低加班頻率，夜晚的睡眠也更加安穩。

關機，下班，是她每天實踐「放下」的具體行動！

感恩

　　感恩，是了解自己得到及擁有的一切，都非理所當然，並向造就一切的來源回以善意，這個來源可能有生命或無生命、認識或不認識、存在此時或過去，同時也包括自己。

　　例如呼吸及行走，對於某些人而言，並不容易，所以可以感謝自己能夠呼吸、行走。而需要呼吸器或行動不便者，也可以感謝自己能使用呼吸器、輔具，感謝它的發明者和製作者、協助自己學習使用這些工具、負責保養及維持工具運作的所有人事物等。更別說，我們還有天空、樹木、飲水、食物，以及腳下這個神奇的地球。

　　感恩，也需要用**平等心**看待我們的生命，無論活得辛苦或輕鬆、舒服或不舒服，都感恩自己有能力去感受活著的滋味；面臨是非對錯或各種艱難考驗時，也感恩自己有能力認知，感恩這些考驗讓我們學習成長。

　　有研究指出，感恩能促進人際關係的互動、顯著改善壓力和憂鬱、提升睡眠品質及促進身心健康，除此之外，感恩也跟其他正念練習一樣，是為了讓我們更清楚看見什麼造就了現在的自己，也讓我們釋出的善意及感激，成為造福自己及影響其他人事物的力量。

本文參考資料請詳註釋[28]。

練習 35

飲食與感激

「鋤禾日當午，汗滴禾下土。誰知盤中飧，粒粒皆辛苦。」

——李紳〈憫農詩〉

當今都市化、商業化的生活，要切身領受這首詩的深意，越來越困難了。多數時候，我們都是在商店購買食物，或直接到餐廳用餐，很少有機會直接參與食物生產。

讓我們用更貼近現代生活的方式來體會詩中的道理吧！理解，是表達善意的開始。我們可以透過閱讀食物的產地標示及簡介、觀察餐廳廚師與服務生的辛勞、留意進食時身體動作的配合、吃飽後心情與身體的變化，來體會整個飲食過程，是需要透過眾人之力才得以完整的。

所需時間

每天選擇一餐進行練習。

建議步驟

① 在用餐過程中任何適當的時機，花一點時間觀察與反思。推薦的反思內容列舉在下方的「觀察面向」。

② 經過觀察與反思後，直接向對方表達、或在心中向那些你感到最辛苦與不容易的人、事、物送出感謝。

③ 用餐結束後進行 1 分鐘的身體掃描，實際感受食物進入身體

後，化作營養、滋潤身體的感覺，也許是飽腹感、身體微微發熱或者安心滿足的心情。

觀察面向

① 食物：從包裝查詢產地來源或閱讀成分標示。可以在心中反問自己：「這些食物在被採收和烹煮前，長什麼樣子？生長在怎樣的環境？如何被照顧？」、「人們透過什麼方式採收、加工、包裝和運送？過程需要哪些人力？」

② 餐廳：用餐時，觀察內、外場人員們忙碌程度。可以同時想像這些人必須多早開始備料、站一整天、搬運沉重的食材和湯水、忍耐廚房悶熱的環境……等等。若是在家用餐，可以觀察準備餐點的家人的辛勞，如果由自己準備，別忘了看見自己的辛苦！

③ 自身：從選擇菜餚、夾菜、咀嚼、吞嚥到消化，身體是如何完成整個進食的過程？哪些部位參與合作？了解每一個部位都是不可取代的，每一次進食都仰賴它們的順利運作。

貼心提醒

① 要完整觀察上述的內容是相當花費時間的，建議每次可以只挑 1 至 2 種食材，或者在「食物」、「餐廳」與「自身」中選擇一個面向來反思即可。

② 有些面向不容易直接觀察，例如食物產地和生產過程，不必勉強。但如果你願意，可以找機會走訪農場、牧場或菜市場，與生產者們交流，讓自己對每天食用的食物有更多了解。

練習

觀察面向清單

A 食物　B 餐廳　C 自身

日期	觀察面向	我的發現

練習

日期	觀察面向	我的發現

本週回顧

一週練習後，有什麼心得與發現？

練習 36

身體掃描

　　來到這個階段的身體掃描，我們已經大致能夠掌握 20 分鐘左右的練習，清醒完成整個身體掃描的次數較多。我們可以在這個階段進行更仔細的練習，更細膩的覺察部位帶來的感受，練習時間延伸到 30 至 40 分鐘。

　　無論練習時間是否變長，我們都能夠透過身體掃描了解真實的身體狀態，並留心生活中的哪些動作、情緒、想法會影響身體感受，真誠的接納、陪伴與聆聽身體，往往能發現更具智慧的回應方式。

　　「了解身體，本來就是正念最首要的基礎，畢竟到了最後，你必須帶著自己的生活態度、對身體的感知，在這副軀體中過完一生。」

　　　　　　　　　　　　　　　　　　　　　　　——喬・卡巴金[29]

　　讓我們持續進行練習，試著在生活中巧妙的運用身體掃描的技巧，練習快速的由上而下的整體掃描，例如排隊等餐點時、爬山時、生病時……。在確保安全的前提下，時常開啟與身體的對話，這不只是覺察自己的身體狀態，更是一種愛護並真正照顧自己的方式。

時間需求

　　① 正式身體掃描：每次 30 至 40 分鐘，一週練習 2 次。

　　② 生活中的身體掃描：每次 3 分鐘，每天 1 次。

物品準備

蓋毯或毛巾、墊子或椅子。

觀察面向

回歸到身體掃描的初心，以好奇、如實客觀的觀察，接納身體
呈現的樣貌，陪伴當下身心的狀態。熟練以後，試著帶著覺知
如掃描機般快速掃描全身，在感覺明顯的地方稍作停留與觀察。

建議步驟

① 同練習 22「身體掃描」。

② 在掃描完、身體仍維持仰躺時，加入像掃描機由頭
　　到腳、由腳至頭，整體快速的來回掃描 1 至 2 次。

③ 結束練習前，可以在心裡由衷的感謝身體的辛勞、感謝身體
　　勇敢的陪伴……，以真心和創意，好好的感謝身體。

練習引導

貼心提醒

生活中的身體掃描只需做步驟②，由頭到腳、由腳至頭，來回
整體快速的掃描 1 至 2 次即可。

練習

每週練習 2 次正式身體掃描，完成請塗滿

1	2	ing

記錄 1 次印象深刻的身體掃描練習，日期：

● 在下圖標示出身體感受最明顯的部位

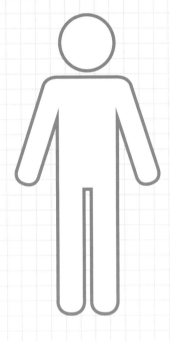

練習

● 練習後的心情

● 練習後的發現或想法

記錄練習生活中的身體掃描（3分鐘版）

	練習時機	身體感受	心情感受	念頭想法
Day1				
Day2				
Day3				
Day4				
Day5				
Day6				
Day7				

本週回顧

一週練習後，有什麼心得與發現？

練習 37

感恩自己

　　回想一下，我們是如何成為現在的自己和擁有現在的一切？也許有很多人的幫忙，也許有更多來自自己的付出，例如努力學習或工作而獲得知識或成就、注重營養和健身而使自己更健康、打掃環境而使自己或他人可享用乾淨的空間、在艱困時期堅持不放棄而度過難關，或為他人、社會、環境奉獻，而獲得更好的家庭生活、人際關係或使他人有更好的生活等。你是否曾記得感謝自己？

　　今天，我們有為自己或他人做些什麼嗎？本週請每天至少選擇一件事情感謝自己，大事或小事皆可，例如感謝自己提早 10 分鐘出門，途中可以更悠閒的欣賞風景，並觀察這個練習有什麼發現。

時間需求

　　長短不拘，可在睡前或任何想練習的時間進行。

練習姿勢

　　站著、躺著或坐著皆可，可閉上雙眼，或微微睜開眼睛，視線不聚焦。

觀察面向及建議步驟

① 穩定好姿勢後，以幾口呼吸讓身心安定下來，並觀察此時的身體、心情和想法。

② 回想今天或最近，自己做了什麼事，讓自己、他人、社會或

環境變得更好。

③ 以覺得適合的句子，在心中向自己表達感謝，句子長短不拘。

④ 完成感謝後，再次觀察身體、心情和想法。

⑤ 結束前，再次將注意力回到呼吸，準備好之後，慢慢睜開眼睛。

貼心提醒

如果想不到可以感謝自己的事情，可以感謝自己活著，才有能力感知現在擁有的一切。

練習

日期	感謝自己的事件	練習體驗與發現

練習

日期	感謝自己的事件	練習體驗與發現

本週回顧

一週練習後，有什麼心得與發現？

練習 38

感恩他人或環境

　　延續上週的練習 37「感恩自己」，我們能成為現在的自己和擁有現在的一切，除了自己的付出之外，還有很多因素，例如：他人的協助、物品或設施、家庭環境、社會環境、自然環境等，甚至曾面臨的不順遂，也是促進我們成長的要素。

　　這些因素，我們可能認識或不認識、近在咫尺或遠在天邊、可見或不可見，我們是否留意過？曾感謝或回饋它們嗎？

　　今天，或最近一段期間，有哪些人事物，使我們過得更好呢？例如更便利、更安全、更健康、更愉悅、獲得成長或度過難關？甚至光是維持現況，就需要很多人力及資源，絕非理所當然，也值得感恩！

　　感恩的心境，本身就是種力量，若能養成感恩的習慣，並進一步展開報恩的行動，生命會更有活力也更喜悅。

　　本週請每天至少選擇一件事情感謝他人或環境，大事或小事皆可，例如感謝禮讓行人的車輛駕駛，讓自己安全穿越馬路。也觀察這個練習有什麼發現。

時間需求

　　長短不拘，可在睡前或任何想練習的時間進行。

練習姿勢及建議步驟

參考練習 37「感恩自己」的練習姿勢及建議步驟，並將步驟②
及③的回想及感謝對象換成其他人事物，亦可當面向感恩的對
象致謝。

觀察面向

① 感謝之前和之後，觀察身體、心情和想法。

② 如果是當面表達感謝，觀察彼此的互動或後續發展。

日期	感謝的對象或事件	練習體驗與發現

日期	感謝的對象或事件	練習體驗與發現

本週回顧

一週練習後，有什麼心得與發現？

39　自由練習

1. 這一週我想要安排的是：

☐ 送給自己一週的休息

☐ 我想溫習：練習

☐ 我有自己的好點子！創造屬於自己的正念練習！

　　● 這週想要正念觀察的對象（某個人事物、活動或情緒）：

　　● 預計會花費　　　　分鐘

　　● 在這一週裡我想練習　　　次

2. 無論是休憩、溫習還是創新，這週過完後，我有什麼心得感想呢？

日期	練習項目	我的發現

═══ 感恩的迴圈 ═══

　　早上到辦公室，看到桌上一盒禮餅，猜想是某同事的心意，拍照傳訊問他，然後趕赴外縣市上課。路上，他傳來動人的文字，說他去外部受訓最後一天的感恩時間裡，閉上眼唯一想到無條件支持他、願意給他「盧」的人，就是我，於是他在上臺分享的時候就哭了，回程時，忍不住跑去買了兩盒餅，一盒給我，一盒給太太。

　　訊息一來，看得我眼眶泛淚，被他弄得既感動又好笑，因為他截圖給我看他跟太座的對話，玩笑說怕自己受訓不及格畢不了業，這幽默實在嚇得太座好緊張！

　　就在此刻，回憶起當初接納他進團隊的時刻。來我這兒的他，稍微卸下先前遭遇困難的愁雲慘霧，每每對話，都覺得他無比幽默，是個冷面笑匠。真心感謝他的玩笑話讓團隊氛圍變得活潑些，也試著逗趣的回應他的小幽默，等彼此信任度夠了，才慢慢進入工作領域的交流。

　　觀察他在工作團隊裡的摸索、挫折和成長，也覺知團隊夥伴彼此間的提醒和支持，在相互分享失敗與成功經驗的當下，我滿懷感恩的向夥伴們說出欣賞與欽佩。透過他，我發現自己給出的發展空間很寬，只在他真正做出可能受傷的事的時候，介入踩個煞車，私下給他具體可用的方法策略，其他就是像朋友一樣關心閒聊。我也重新檢視自己對夥伴的領導風格，確立能力與意願的邊界，更發現自己對他人或自己都寬容許多，時常將感謝掛在嘴邊。沒想到，這些對他而言，僅只一年的相處就如此深刻！

　　在他感謝我的當下，我也同時感謝他的到來、一起在團

隊中努力，以及這一年來他給予我的回饋。讓我肯定自己帶領團隊的風格，盡量做到讓每個人能發揮所長，感受信任與安全的合作，傳達每個人都有自己的重要性。收到他與其他夥伴的感恩回饋，其實，我才最想感恩團隊夥伴包容我的不嚴厲，看似無為的作為，理解我給出的空間與界限，一起共度認真生活的每一天！

—PART 3—
整合：
從覺察到行動

在 Part 1 及 Part 2，我們學了許多正念的基礎，也練習落實在生活中。這些練習可在生活中同時或接續運用，例如生病時，觀察身體症狀、情緒、念頭想法，接納生病的事實，運用身體掃描照顧自己，並以正念抉擇來安排休息等事宜，當然，也許還會想到更多創意運用正念的方法。

此外，與人、外界互動時實行正念，會比單獨一個人來得更有挑戰性。我們需要保有「留心覺知」，以時時刻刻讓正念相續存在：即有意識的在生活中，以「Being」（〈存在〉頁 56）模式，將正念具身體現於每個當下。

為此，Part 3 安排了陪伴、溝通及分享三個主題。先從學習「陪伴」自己與他人開始，乃至於從事社交活動，除了陪伴時間長短，更在乎相處品質與建立關係。

「溝通」從學會正念傾聽出發，再藉由練習兩種不同類型的表達，進入正念溝通，使溝通真正產生效果。

「分享」從祝福、利己和利他小行動開始，使我們與自己、他人產生連結。在我們能夠轉身向世界分享的當下，便能同時覺知自以為的苦痛，其實沒那麼巨大。

有一次，我突然得主持一場調解會議，會議上雙方堅持己見、指責對方的錯誤並要求道歉，誰也不肯退一步。在專業處理的同時，也以正念溝通來應對，但結束時，並沒有達成共識。會後，理解問題癥結的我，在心裡以慈心祝福雙方，並覺察到可以做的實際行動，便分別聯絡了敵對的兩方，做了簡短的正念溝通，然後仍持續發送

慈心祝福。隔天，其中一方突然聯絡我，希望約見致歉。後來，我以正念陪伴這場見面會，而雙方也真的和解了！很難說正念究竟有什麼神奇魔力，但身處其中的我，在過程中盡可能照顧好每個當下，做我能做的，放下我做不到的，事情就回到軌道上了，如此而已。

　　曾有朋友問：學習正念能更有效率的工作或更快樂的生活嗎？

　　讓我們回到正念最簡單且最重要的定義：有意識的覺知當下身心與環境，並保持允許、非評判的態度。當我們整合練習過的正念並運用在生活、工作、人際等，我們會在忙碌的當下暫停，覺知自己正在忙什麼、為何而忙，然後，選擇如何面對與行動。也許會更有效率的完成工作；也許會更懂得適度拒絕、踩煞車；也許什麼也沒改變，只是在暫停的此刻，休息一下、照顧自己。只要能覺知當下的狀態，為自己做出選擇、全然負責，都好，人生就算只是少些遺憾，也挺好的。

　　千里之行，始於足下。邀請已有正念練習基礎的你，從此刻開始，帶著正念繼續閱讀，帶著正念與人互動，帶著正念過生活。

陪伴

　　這一輩子，陪我們最久的是誰呢？是的，是無人可取代的自己。當我們做正念身體掃描時，往往會發現，我們似乎對一直陪伴自己的身體，有些陌生。原來這裡會有這種感覺啊？原來這裡會感受到痠、麻、脹、痛！供我們使用這麼久的身體，是如此無聲的陪伴著我們。幸好，帶著正念覺知的我們，能反過來好好陪伴我們的身體——覺知、允許、不評判，真正的陪伴自己，**正視身體的狀況與需求**，進而達到真正的愛自己。

　　陪伴，就個人而言，是從外在身體進一步往內，與**內在的自我相伴**。試試跟自己同在的當下，有什麼感覺呢？曾經有個孤獨的小男孩，在我引導他觀察呼吸，覺知到「呼吸一直都在陪伴我們」的時候，淚流不止，直到練習結束，他閃著淚光感動的問：「我什麼時候可以再做這個練習？」我說，只要你需要，在安全的地方，隨時都可以！小男孩覺知自己的孤獨，接納這種心情，並試著陪伴自己。

　　從「陪伴身體」到「陪伴內在的自己」，將正念運用在與人相處時，往往能覺察別人**跟我一樣**，會緊張、害怕、焦慮，也會快樂、興奮，有各種情緒、需求與行為，覺知對方感受的瞬間，會產生一種同在感。以正念與對方同在，很神奇的，我們會知道如何應對。

　　這樣的同在感，在我們親近大自然時，特別容易感受到。也許在凝視一朵花的當下，也許在看望山林的片刻，也許在逗弄著寵物的同時，覺知我們共處在同一個空間、同一個時間裡，陪伴著彼此的存在。

　　此刻，閱讀這些文字的你，是否也感受到我正透過文字，陪伴著你呢？

練習 40

自我陪伴

　　一個人的時候，你會做什麼呢？很多人喜歡有人相伴，也不少人愛好獨處，但絕大多數人都不喜歡無聊，總會想找點事，例如滑手機、追劇、閱讀、逛街、做家事、園藝等。

　　試著單純的陪伴自己，保留一個空間、時間，跟內心相處。在自己單獨從事活動時，就將正念帶入，以正念進行活動，練習與自己相伴，完全只關注自己，看看會有什麼發現？

　　當然，如果想更純粹的陪伴自己：在一個人的時候，不特別做其他事，只是觀察自己的呼吸，覺察自己的身體，或僅只是暫停所有活動，好好的識別自己的情緒，也很好。來吧，練習以正念陪伴自己！

時間需求

　　每次 15 至 30 分鐘，每週 2 次或更多。

物品準備

　　依想陪伴自己做的事情準備。

觀察面向

　　盡量選擇單純只關注自己的活動，像最好的朋友般陪伴自己。

建議步驟

① 選擇自己能獨立完成，不需與人互動的項目，例如：運動、畫畫、閱讀、吃飯等。

② 覺察具體環境，例如看到的東西、所處的環境，以五感開始，它們有什麼顏色、形狀、大小、厚薄、氣味、觸感……。

③ 識別當下的情緒，以及自己在做這件事的時候，身體內在的感覺。

④ 覺察陪伴自己時，心裡冒出的念頭，或想跟自己說的話語。

⑤ 試著以觀察、接納、不評判的態度，回應陪伴的主人翁：自己。

⑥ 以 3 次呼吸結束與自我相伴的獨處練習。

貼心提醒

如果在練習獨處時覺得有些害怕，也可以觀察害怕的念頭，慢慢將自己的注意力帶回所處空間裡，觀察具體物品，例如桌子、筆、地板等，知道自己是安全的，並且隨時可以決定縮短或拉長練習的時間。

練習

簡單記錄本週練習情形

日期	時間	從事活動	發現

練習

選擇其中 1 次記錄下來

- 陪伴自己做

- 身處的空間是

  能看到

- 聽到

  聞到   觸摸到

- 內在的感受

- 念頭

- 接納自己的話

本週回顧

一週練習後，有什麼心得與發現？

<h1 style="text-align:center">練習 41</h1>

自我慈悲

如果我們要將光明、智慧或慈悲帶進世界，就必須先從自身開始。

——傑克・康菲爾德（Jack Kornfield）[30]

當我們看見需要幫助的人或動植物，常能升起慈悲的心並以行動幫助對方，卻可能很難覺察自己也需要「被慈悲」。

當我們能覺察自己需要慈悲的時刻，並給予自己溫柔、接納的擁抱與疼惜，便能使我們再次回到身心安定的狀態。練習自我慈悲，同時也能幫助我們敏覺他人的慈悲需求，給出慈悲心。

時間需求

3 至 5 分鐘，有需要時。

物品準備

視當時身邊有何物品，例如外套、圍巾、抱枕等，能包覆自己或讓自己抱一抱的東西。

觀察面向

① 觀察自己**需要慈悲的時刻**，有時是對自我的要求，如自責、懊惱、自尊低落；有時是因為外在事物，如意外受傷、親友離世、失業、被攻擊等；也有可能只是單純的身體的感受和需求，例如覺得冷、疲憊、病痛等。

② 試著在自己需要慈悲的時刻，想一想這是否也是人們有慈悲

需求的時候？覺知自己跟他人都有慈悲的需求。

③ 在自我慈悲時，試著覺知身心狀態，涵容但不過度沉浸在痛苦當中。

建議步驟

① 需要自我慈悲時，選擇一個安全的地方，先將注意力放在呼吸上，覺察當下的情緒。

練習引導

② 給予自己溫柔的觸碰，可以環抱自己的肩膀，也可以用手掌來回撫觸另一隻手臂，或者雙手十指交握等，給自己一個能接納和呵護感受的姿態。

③ 閉上眼睛想像一位無條件給予自己包容、尊重、欣賞的人，就在身邊陪伴著，他會對此時此刻的我說什麼？

④ 再呼吸幾次感受一下自己現在身、心的感覺。

⑤ 慢慢睜開眼睛，看見眼前所處的空間、顏色，聆聽聲音，呼吸時感受氣味，覺察一下皮膚觸覺有什麼感覺等，帶自己回到當下。

貼心提醒

① 給自己的溫柔碰觸，也可以是捧著、撫摸自己的臉頰，或者雙手環抱腰部等，當上手後，即使是正在會議或工作中，也能有意識的透過這些動作給予自我慈悲，不一定要在獨立安全的空間才能進行。

② 除了剛開始練習比較需要時間外，如果發現沉浸在自我慈悲的時間過長，請試著覺察是否還有更深層的感受或需求沒有

被發現？如果有，覺知後接納就好；如果沒有其他不同的感受需求，而是沉溺在同一個情境中，就覺知自己需要時間，溫和的告訴自己：「別人和我一樣，也有類似的痛苦。」再運用五感，帶自己回到當下。

練習

　　將每次對自己慈悲的時刻記錄下來，讓我們看見自己的需求，也藉由這一週的回顧，看見我們所處的生活狀態。

自我慈悲時刻清單

A 自我要求　B 外在事物　C 身體感受　D 其他

溫柔的碰觸清單

A 環抱肩膀　B 撫觸手臂　C 雙手交握　D 其他

日期	自我慈悲時刻	溫柔的碰觸	疼惜自己的話語

日期	自我慈悲 時刻	溫柔的 碰觸	疼惜自己的話語

本週回顧

這星期我對自己做了 　　 次自我慈悲，最常需要的時刻是？

最多次溫柔碰觸的方式是？

我給自己的疼惜話語多半是？

自我慈悲後再面對當下的情況，我發現？

最後，我想跟自己說？

練習 42

給予陪伴

　　如果說陪伴自己是愛自己的行為，那麼陪伴他人，也是一種愛的行為，因為陪伴需要我們花時間，需要我們放下自己，把重心放在對方身上。

　　陪伴他人，看似一種付出，但真誠的陪伴也會讓我們在過程中獲得回饋——滿足與人交流的天性，因此，當我們陪伴他人時，無論時間長短，以正念陪伴對方，全然的觀察與應對，感受氛圍，暫時放下手上的事，不只人在他身邊，更讓心也與對方同在，就算彼此只是靜默著，也能達到陪伴的作用。

　　陪伴一群人時，帶著覺知觀察、互動，也需要留心當下的情境及群體氛圍。不被單一個人佔據所有注意力，而是在與個人互動時，也同時留心團體的行動，覺知群體多數人的行為、情緒、可能的需求，偶爾也抽出幾秒鐘的時間觀察群體周邊環境，確認安全。而在覺察的當下，還是可用呼吸來照顧自己，或純粹保持開放的心。

時間需求

　　每次 15 至 30 分鐘，每週 2 次。

物品準備

　　視對方狀況而定，即便自己有所準備，也不強迫對方接受。

觀察面向

① 留意與觀察陪伴對象的狀態。

② 覺察對象的需求。

③ 覺知自己在陪伴時的內在感受。

建議步驟

① 觀察你正在陪伴的對象，他的神情？在做什麼？穿戴什麼？表達什麼？

② 以正念覺知對方可能需要我如何陪伴？傾聽、聊天、一起玩遊戲、靜靜的待在身邊……，記得客觀、接納、不評判對方的需求。

③ 全然的與對方同在，但陪伴必須量力而為，如果自己能做的有限，也真誠、友善的表達自己無法做到的部分。

④ 對方在說話時，試著專心好奇的傾聽。

⑤ 覺知自己在陪伴時，內在的身體感受、情緒、念頭。

⑥ 結束陪伴的時候，發自內心給予彼此祝福。

貼心提醒

在陪伴的過程中，若感覺到尷尬、生氣、不舒服等情緒產生，在安全的情境下，不見得需要表現什麼或做什麼。覺察對方的狀態，感受當下自己的情緒、身體感覺，選擇保持靜默或再做回應，只要帶著覺知去做，都好。

練習

2 次練習，分別在

　　日期

　　時間

選擇其中 1 次記錄下來

● 陪伴對象

● 對方的
　神情　　　　　　　　正在做

　穿戴　　　　　　　　表達

● 可能需要我陪他

練習

- 我能陪伴

- 我的內在感受

- 給予彼此的祝福

本週回顧

一週練習後，有什麼心得與發現？

練習 43

社交活動

　　需要進行社交時，是開心期待，還是懷著緊張焦慮的心情呢？如果是親友間的活動，有時我們會因慣性而受限於對對方的既定印象，少了好奇心和聊天的樂趣。但若是參加一場多是陌生人的聚會呢？有的人會覺得新鮮、期待，有的人會覺得無聊、不想參加，更有些人會覺得害羞、想逃跑。

　　在聚會、交流前帶著正念做點準備，也以正念的聆聽、回應促成交流，更以正念來陪伴自己的興奮與期待、無聊與逃避、緊張與擔心等心情，看看會有什麼發現？

時間需求

　　有需要參加社交場合或聚會時，事前準備約 7 至 10 分鐘，活動中以覺知互動即可，事後約花 5 分鐘正念書寫記錄表。

物品準備

　　視狀況需要，也可以試著先寫出下列練習表格。

觀察面向

　　在聚會前、中、後，有意識的覺知自己正在面對、正在做的事；於回應前，試著停頓一下，看看自己怎樣能做得更好？以最大的善意回應後，保持開放、不帶預期的態度應對當下的情境。

建議步驟

① 在參加活動前，可收集相關訊息，例如活動目的、流程、參加者的背景、自己的需求。

② 參加活動時，如實客觀的觀察參與者的神情、行動，真誠的給予傾聽，在需要回應時，給予不傷害對方的回應。

③ 面對一對一的互動，但不確定如何開啟話題時，可以說說事先收集到的、跟對方有關的正向訊息，或是保持開放與好奇，詢問生活的小問題並留心傾聽。

④ 與人互動前，先確認對方是否願意互動，不一定是口頭詢問，眼神、肢體示意也可以，以不冒犯對方為主。若對方沒有意願交流，也尊重並理解對方有他自己的選擇。

⑤ 覺察當下的氛圍，部分留心在自己身體的內在感受、情緒、念頭，在回應之前，也評估是否會傷害他人。

⑥ 若覺得不自在，可用深呼吸及留意腳底接觸面來調節自己。抽個空偶爾獨處、陪伴一下自己也不錯，喝杯水、上個洗手間，或靜靜的觀察會場整體。

⑦ 聚會結束時，給予感謝和祝福，真心感謝對方願意花時間交流，並祝福對方所需要的。

貼心提醒

如果是臨時發生的社交活動，可能沒什麼準備時間，但也可以利用倒水、如廁的短暫時間，調整自己的呼吸（3次呼吸）、心情、表情、步伐，帶著自己的心回到當下進行覺察與應對。

活動目的

- 與會人員（身分／特色）

- 對方可能的需求

練習

我的需求

● 活動氛圍中，我的身體感受、情緒、想法

● 我能釋出的善意

本週回顧

一週練習後，有什麼心得與發現？

===== 重新認識自己 =====

　　在學習正念的頭一年裡，從生命維持的呼吸、行、走、坐、臥開始，體會感官當下帶來的感覺，也覺察到自己原本有些不知不覺形成的偏好或習慣，發現的當下，就如同《正念的奇蹟》所提：「正念就像魔術，是一個奇蹟，能在一瞬間召回渙散的心，並恢復重組成一整體，如此，我們就能過好生命中的每一分鐘。」[31] 例如正念行走，兒時不理解長輩總說我走起路來就像個老人，但我就算看見玻璃反射自己的行走姿態，也不了解所謂的老人走路姿勢。直到多次練習了正念行走，正在心裡默念「站、站、站」的同時，覺察身體的感覺、姿態，發現身體的中心前傾，肩、背、腰都有點痠，當下覺察到自己的身體正呈現駝背、凸肚，以為省力卻傷身的姿態。於是微微的調整站姿，感覺肩背、腰桿、腹部與腿部使力的點，不用力挺直，重心也因此改變，接著往前踏出第一步、第二步……，感受重心與身體姿態的變化，同時留心腳底感覺，順著對身體的整體覺知，繼續前行，一段時間後，覺得走路還挺有趣的。慢慢的持續練習後，某天正趕著到目的地時，瞥見一旁玻璃牆上反射的自己，挺直身子行走的模樣，跟以前的自己不太相同。此時，後頭傳來同事的聲音，她笑著對我說：「一樣是趕路，妳看起來優雅多了！」我回以微笑感謝，卻也驚喜著這改變帶來的意外收穫。

　　還有一次，欣賞完某位演員的戲劇作品，深受演技感動外，也想知道其背後的心路歷程。好奇的查詢這位演員的資料，網頁上跳出對方的學經歷、作品，甚至是頭圍、身高、衣服尺寸，接收資訊的當下，驚訝對方粉絲竟如此了解細節，

是我的話，恐怕連自己的頭圍都不清楚啊！好玩的是，我立馬起身拿皮尺測量自己的身體，站在全身鏡前面仔細端詳，如實的觀察自己真實的樣貌，如同先前的練習一樣。更進一步的，發現雖然早已知道自己體型的特色，卻沒有真的依照特色選擇合適的衣著。哇，這個發現，像幫自己的穿衣風格打通任督二脈一樣，開始閱讀了解自己膚色、身形及建議衣著的書籍，利用閒暇審視衣櫃裡的衣服、配件，清理出許多其實自己不合穿也根本不愛穿的衣服。這個斷、捨、離的過程，又像重新認識自己一樣，而且還多了份友善和欣賞。

　　希臘哲學家蘇格拉底的名言「認識你自己」這句話，放在學習正念裡頭，是最基礎的收穫。能陪伴自己最久的人，就是自己了！透過正念重新認識自己，理解愛自己並不外求，而是對自我真誠的認識與接納，也因為重新認識自己，知道可以先照顧好自己，盡量不造成任何傷害，行有餘力便可將慈愛與友善向外發送。

溝通

　　溝通時，往往多是將我們所想的傳達給對方，希望對方按照我們的需求行動。然而，在正念裡的溝通，是出於「好奇」、「善意」的理解，以全然的聆聽，歸納重點跟對方核對，確認我們真的理解對方所說的內容。

　　這是不是和你所知道的「溝通」不太一樣？並非只在傳達自己的觀點，而是基於好奇、無惡意，為了更理解對方而提出問題，對方回答時，我們全然的聆聽、歸納重點、核對想法，僅此而已！這會發生什麼狀況呢？有趣的是，我們僅只是採取這樣的溝通方式，對方就能感受到被傾聽、被接納，甚至原本難解的問題，對方也能透過和我們歸納的重點核對，找到自己的解答。曾經有位朋友跟我分享她遇上的婆媳問題，當我帶著善意的眼神，全然而專注的聆聽，並簡要歸納她所說的話，跟她核對的同時，她便點頭如搗蒜的靜默下來，紅著眼眶、哽咽的說出自己突然理解對方為什麼會說出傷人的話語。雖然當下她沒有找出解決方法，卻覺得被這段對話療癒了。

　　那麼，如果真的想傳達自己的觀點和想法給對方呢？是的，在某些情況下，我們還是可以表達，但請記得帶著「正念」表達，當下與溝通的對象「同在」，好好說、好好面對對方、好好感受當下，試著看看自己會有什麼發現呢？

練習 44

正念傾聽

提升溝通品質，往往從聆聽開始。真切傾聽對方欲傳達的意思，理解字句或情境的意涵，不以偏見臆測，也不掛心自己的意見，盡量客觀的聽清楚對方的話語和聲音。

知道自己接收到了對方的意思，知道自己在「傾聽」的當下產生了感受。如果內容是與自己切身相關的，可能會有些愉快、沮喪、生氣等情緒，覺察到情緒升起，我們就有空間、時間做選擇，選擇後續是否真的需要回應對方，或者如何回應。記得再次回到正念傾聽，單純的聽清楚對方的話語，等對方真的完整表達完，再做回應。

時間需求

需要傾聽別人說話的時候，每天選擇 1 次進行正念傾聽，持續練習一週。

建議步驟

① 身體面向正在說話的對象，或者跟說話者為同一方向。

② 確保耳朵能聽清楚，以友善的神情、不用力的注視、放鬆的眉頭、輕閉的嘴唇等，卸下身體過多的力量，不分心的全然傾聽。

③ 傾聽時，若覺知自己「升起情緒」、「正在評價」或「想要回應」時，記得將自己帶回單純的傾聽。

④ 選擇本週印象最深刻的一次記錄下來。

貼心提醒

將正念傾聽當作禮物，送給傾聽的對象。

其他說明

本練習與後續的正念表達、正念傳訊，可作為正念溝通時的統整運用。

練習

每天練習 1 次，完成請塗滿

1	2	3	4	5	6	7	ing

選擇記錄的日期：

● 我正在聽的對象

● 對方在表達

● 正念傾聽對方時，我感受到

● 以正念完整聆聽對方時，對方的反應

● 與平時非正念聆聽時的差異

選擇記錄的日期：

• 我正在聽的對象

• 對方在表達

• 正念傾聽對方時，我感受到

• 以正念完整聆聽對方時，對方的反應

• 與平時非正念聆聽時的差異

本週回顧

一週練習後，有什麼心得與發現？

練習 45

正念表達

　　「好好表達想說的話」從來都不是件容易的事，尤其在某些關鍵時刻。正念表達，是清楚知道要表達的對象是誰？要傳達什麼訊息？在哪兒、哪個時間點？最後選擇合適的方法表達。知道自己要說什麼？怎麼說？表達前也要先留意對方的狀態，他是否在忙？現在這個時機適合嗎？

　　在口語表達上，能覺知自己正用什麼語言、文句、音調、速度、語氣等，向對方說話。說話的同時，知道自己正用什麼動作、表情、眼神、情緒……來對待對方，覺知自己正在表達，而這些表達是自己能選擇、決定的。

　　當我們在表達時覺知上述所提，就能更有意識的覺察對方的反應，即時調整自己，以盡可能完整傳遞我們的想法和目的。

　　練習正念表達時，也試著留心自己內在的身體感覺，這有助於我們在表達的當下覺察到更多，同時也能跟傳達的對象同在。

時間需求

　　每天選一個需要和別人表達的時刻，持續練習一週。

建議步驟

　　① 覺知自己所處的環境、適合表達的時機。

　　② 留意對方的狀態，友善的看著對方的臉孔或神情，輕吸一口

氣再說話。

③ 看著對方說話，留心自己說話時的詞句、聲音、快慢、音調，可以的話，也保持心中的善意。

④ 可以的話，也留心自己的姿勢與心情，以及內在的感受。

⑤ 選擇印象最深刻的一次記錄下來。

貼心提醒

正在表達時，若覺察到自己受到對象反應的影響，記得回到當下，回到表達的目的，再決定是否繼續。

練習

■ 每天練習 1 次，完成請塗滿

| 1 | 2 | 3 | 4 | 5 | 6 | 7 | ing |

■ 選擇記錄的日期：

● 表達的對象

對方正在

● 我想表達的內容／目的

● 覺察到自己在表達時的聲音／神情／動作／心情／內在的
感受

練習

選擇記錄的日期：

● 表達的對象

　對方正在

● 我想表達的內容／目的：

● 覺察到自己在表達時的聲音／神情／動作／心情／內在的
　感受

本週回顧

一週練習後，有什麼心得與發現？

練習 46

正念傳訊

　　除了面對面的表達外，現代人也習慣在網路上以文字或圖片訊息來表達，一旦發送出去，影響力有時會超乎預期。正念表達，在此時此刻的運用，是**有意識的覺知自己正在傳達訊息的對象**，是活生生的人或人群，而非冰冷的文字、圖片，對方會因為「我」所表達的內容有所感受。

　　我們可以想像要傳達訊息的對象就在我們面前。真切的輸入文字詞句，宛如從我們口中說出一般，簡單扼要又不失內涵。

　　將訊息傳遞出去前，先試著為自己正念閱讀訊息：確認自己的用字遣詞是否合宜？如果我是對方，是不是能讀懂自己寫的字句？會有什麼感受？確認是自己所要表達的，再傳送給對方。

時間需求

　　每天需要傳訊息時，選擇 3 至 5 則訊息，或選擇同一對象，持續練習一週。

建議步驟

① 覺察傳訊時的情境或使用的媒介類型，仔細閱讀訊息的圖片、字句，理解對方的意思。

② 默念訊息，就像對方正在向自己說話一般，感受對方書寫的這些話語，同時留心自己的感受與想法。

③ 覺察自己想回應對方的話語，帶著善意輸入文字。

④ 默念自己的回覆訊息，確認符合自己要傳達的想法後再送出。

物品準備

依傳訊工具需求，如手機、電腦、信件、紙筆等。

貼心提醒

傳訊時，選用合適的表情符號、貼圖，也能幫助傳達你的「友善」。

練習

　　在進行本週練習後，對自己傳訊息的習慣有什麼改變或發現嗎？請寫下來跟自己分享。

完成 1 次，請塗滿

1	2	3	4	5	6	7	8	9	10
11	12	13	14	15	16	17	18	19	20
21	22	23	24	25	26	27	28	29	30

選擇記錄的日期：

● 正念傳訊的對象

● 印象最深刻的訊息

● 我的改變／發現

選擇記錄的日期：

- 正念傳訊的對象

- 印象最深刻的訊息

- 我的改變／發現

選擇記錄的日期：

- 正念傳訊的對象

- 印象最深刻的訊息

- 我的改變／發現

本週回顧

一週練習後，有什麼心得與發現？

練習 47

正念溝通

如果是可預期的溝通，我們可以先為這場溝通做點準備，包括對象是誰、什麼時機、溝通的目的是什麼，大致思考好後，在溝通時，以正念聽清楚對方想說的話，再運用正念表達讓自己處在「存在」（Being）的狀態，客觀如實的核對對方的意思，再繼續表達。覺察溝通對象的同時，也留心自己內在的感受，使自己更有意識的處在當下的狀態。

然而，在我們生活中的溝通，並不總是容許我們準備好才開始，也許就是轉身的當下、抬頭的瞬間，突然的開啟了一個對話。這時，同樣以正念傾聽來了解對方所要表達的，回應前短暫停頓，容許自己跟對方都想一下，再試著用正念表達。

時間需求

視有溝通需求的事件而定。

建議步驟

大致順序如下，可循環。

貼心提醒

　　練習正念溝通時，也留心自己的內在感受。透過身體誠實的內在感受，我們將能更有意識的給出回應。

練習

完成 1 次請塗滿

1	2	3	4	5	6	7	ing

選擇記錄的日期：

● 正念溝通的對象

　那時對方正在

● 我想要表達／給予回應的是

● 對方想要表達／給予回應的是

練習

選擇記錄的日期：

● 正念溝通的對象

　　那時對方正在

● 我想要表達／給予回應的是

● 對方想要表達／給予回應的是

選擇記錄的日期：

● 正念溝通的對象

　　那時對方正在

● 我想要表達／給予回應的是

● 對方想要表達／給予回應的是

本週回顧

一週練習後，有什麼心得與發現？

═══ 每日更新的默劇集體創作 ═══

　　列車進站，選擇一個位子坐下，在看似平凡無奇的通勤時光裡，欣賞每日一場，由所有乘客共同創作的默劇演出，關於日常的喜怒哀樂，與生老病死的更迭。

　　對面的人望著手機發笑，配著迅速打字的雙手動作，陶醉在與親友暢聊的心情。旁邊坐著一位上班族，眉頭深鎖，雙唇緊閉，定格般望著手機，我幾乎能感覺到他雙肩所承受的重擔。斜前方有兩位穿著輕鬆的女子在聊著天，雖然聽不見她們說什麼，但兩人豐富的表情與手勢引起了我的注意。博愛座上，一位步履蹣跚的老婦，雙腳間擺了一個塑膠袋滿裝著日用品，她或許是獨居，得獨自完成每次的採買，又或者，正在前往醫院照顧住院家人的路上？

　　大部分的人都是低頭看手機，手機或橫或豎，其中又有一半的人戴著耳機。座位和拉環彷彿是一間間移動式獨立包廂，每個人都被手機與耳機的結界包覆著，遮蔽了感官。同一節車廂裡，存在了幾十個全然不同、互無關聯的平行世界。

　　車到站，門開了，一位母親推著嬰兒車走進來，她在角落稍微空曠的地方找了位子坐下，打理好自己和孩子後，便落入手機的獨立包廂世界。我看向嬰兒車，孩子面朝著我，穿著可愛的小鞋子，掙扎坐起來東張西望，被車廂廣播吸引了注意力，此時的這幅光景或將成為他兒時記憶的一部分吧！

　　而後，他看到我了，似乎是感覺到我看著他的眼神所以轉過頭來，我和孩子互相望著，沉默著，眼神在對方身上好奇探索。此時我突然了解到，這是我這段旅途上，唯一與人交心的時刻。

分享

　　分享是以「善意」與「祝福」為出發點、以「希望整體共好」為方向所做的行動。

　　提到分享，我們似乎很容易聯想到送禮或者金錢。但實際上，分享的內容不限於實物，它可以是一份祈願與念想；抑或是一句話，將我們的關心傳達出去；甚至是時間，願意陪伴對方一陣子，不為其他。

　　在接下來的練習裡，可能會遭遇一些矛盾。諸如：「分享時間給別人，卻導致原本預定的工作進度無法完成」或「感覺自己的分享不被他人欣賞與重視」。

　　這類的內在衝突是難免的，也是很重要的歷程。當衝突發生時，請記得：分享，不是為了彰顯自己是個大方的人，也不涉及任何的自我犧牲。不妨趁此機會探問自心：行動背後，出發點是什麼？這世上最重要的是什麼？如何做到既能照顧自己，也能讓整體共好？

　　縱使到最後都沒有找到完美解答也沒有關係，探問的過程本身已是一種善意的行動。

　　分享的行動幫助我們減弱「你—我」、「自己—他人」的對立。事實上，我們從來都不可能獨立於這個世界之外，我們與他人、其他生命、乃至整個世界，都是彼此關聯的，而「分享」能夠讓這份連結更為友善、創造更多喜悅。

　　「分享」本身與前面提過的幾個概念是相輔相成的。我們進行分享前，若能以善意或感恩為出發點、與對方同在、全然的接納以及放下自身堅持，或許最終將會發現，分享並不困難，我們有很多選擇，並且能讓彼此都感到溫暖。

練習 48

祝福

　　祝福意味著，真心希望對方過得好。是否被聽到並不是重點，當我們內在有這份善意心念，便已足夠。

　　對象若是他人，發送祝福時，我們將自己的時間與善意分享給對方。這時，我們放下比較、競爭，感受人與人之間最單純的連結。

　　自己當然也可以是祝福的對象。透過祝福自己，我們與內心的溫柔和慈愛同在。

所需時間

　　約 5 至 10 分鐘。

貼心提醒

① 這個練習，可以以好幾輪的方式進行，每輪祝福不同對象。

② 通常祝福的順序，會建議照內心的親密感來排列。例如：先祝福自己或一位最深愛的人，再祝福其他密切來往的家人、朋友，接著是同學、同事、鄰居，乃至陌生人和未曾謀面的其他生命。

　　請記得，以上只是舉例，請用自己覺得最貼切的順序進行。此外，祝福對象不限定於個人，一群人、寵物、乃至一個地點、整個地球，都可以成為被祝福的對象。

③ 有時，我們對於「祝福自己」會感到有點彆扭和困難，不妨

先祝福 1 至 2 位你深愛的人，再想像從他們的角度「回送」
祝福給你，或許會比較自在。

④ 你可能在祝福的過程中感到尷尬，甚至有股莫名的厭惡和惱
怒。請試著放慢速度，帶著寬容與耐心，也歡迎你用口訣
「RAIN」（練習 34「自我寬恕」）來面對這些情緒。

⑤ 祝福並不代表事情就會往我們期待的方向發展，當不如預期
時，不妨善用**接納、放下、信任**等心態，好好照顧自己與他
人。

建議步驟

① 找一個安全、不被打擾的空間，舒服的坐著。

② 邀請注意力回到呼吸，做幾分鐘的呼吸觀察。

③ 感覺心比較安定後，選一位深愛的人作為祝福對象，先在腦
中想像他的臉或身影。

④ 詢問自己：他喜歡收到怎樣的祝福？（你也可以參考下面的
範例）

⑤ 在心中默念，或輕聲說出祝福的句子，通常 3 至 4 句即可。

⑥ 你可以持續調整語氣和措辭，用習慣的方式說，直到慈愛的
感受真正滲進內心。

⑦ 選擇下一位想祝福的對象，並重複步驟③至⑥。

⑧ 你可以重複好幾輪，每輪更換對象，或只祝福一個對象，都
可以。

⑨ 結束前，靜靜的感受當下的自己。

參考範例

願你（祝福你）平安

願你健康

願你的心寧靜自在

願你的生活充滿善意與愛

練習

日期	祝福的對象	祝福時，我有什麼感覺、心情、想法

練習

日期	祝福的對象	祝福時，我有什麼感覺、心情、想法

本週回顧

一週練習後，有什麼心得與發現？

練習 49

利己小行動

　　前一項練習 48「祝福」，我們透過祝福自己，反思內在有哪些需求和渴望。這一週不妨將它們化作實際的行動，來好好照顧自己。

　　這個練習並不需要刻意安排額外的行程去血拼、吃大餐或看電影，它就發生在日常生活的片刻，行動方針是滿足更深層的需要（被接納、愛、被重視、人際關係、信任……等等）。

時間需求

　　約 5 分鐘，視當下情況而定。

建議步驟

① 在日常生活的任何時刻，當你想起這個練習時，留意正在進行的活動，同時運用一部分的注意力觀察自己的身心狀態。

② 詢問自己：「我真正的需要是什麼？」或「我真正在乎的是什麼？」

③ 根據內心的答案，做出相應的行動，你可能會調整原本預定的行程，或者微調自己的作法和說話內容。

如果上面的步驟有點抽象，可以參考下面的範例：

● 我在乎自己的人身安全

　→行動：過馬路時我選擇不趕在最後幾秒加速通過，以及通過時有意識的觀察附近車輛。

- 我在乎家人

  →行動：原本預計晚上看劇，改為優先跟家人聊聊生活近況，聊完再看。

- 發現自己一直想要打開 LINE 是因為對某個回覆很在意，想知道內心出了什麼狀況

  →行動：暫停手邊的事，運用「RAIN」口訣（練習 34「自我寬恕」）探索深層的情緒和想法。

貼心提醒

內在的需求十分複雜，既有淺層的需要也有深層的動機，請回應當下所能探索的部分即可。隨著正念練習的累積，你會發現自己能夠探索的廣度和深度逐漸增加，越來越了解自己。

練習

日期	內在的需要及利己小行動	現在回顧，我的感受和想法

練習

日期	內在的需要及利己小行動	現在回顧，我的感受和想法

本週回顧

一週練習後，有什麼心得與發現？

練習 50

利他小行動

延續上一個練習，我們將關注的對象，從自己轉移到身邊的人。

與人互動時，透過正念覺察力，觀察對方在想什麼？是什麼心情？並試著升起友善的意圖和好奇的態度，探問：我能夠如何幫忙？

時間需求

約 5 分鐘，視當下情況而定。

建議步驟

① 在與他人互動的任何時刻，當想起這個練習時，留意正進行的活動，並運用一部分注意力觀察對方言行背後的想法和需求。

② 探索自己的善意意圖：「我能夠為他做些什麼？」

③ 根據內心的答案，做出相應的行動。

④ 在行動的同時和之後，觀察對方的回應。

貼心提醒

① 對方言行透露的資訊畢竟有限，我們依據觀察所做的行動並不一定完全符合對方的需要。可以透過一次次的嘗試和觀察對方反應來調整。若是能暢所欲言的對象，跟他分享練習的心路歷程，並聽他說說從他的角度有什麼感受和想法，或許會有意外的收穫。

② 整個過程，請依然記得照顧自己。分享是以「整體共好」為方向，無須因為利他行動反而讓自己陷入危險或受到傷害。

日期	對方的需求及我內心的善意意圖	利他的行動及對方的反應	現在回顧，我的感受和想法

練習

日期	對方的需求及我內心的善意意圖	利他的行動及對方的反應	現在回顧，我的感受和想法

本週回顧

一週練習後，有什麼心得與發現？

練習 51

世界

　　讓我們再把視野擴大吧！社會乃是由每一個人共同成就。就在此刻，我們參與了世界的千變萬化。

　　倘若我們沒有和平，那是因為我們忘了彼此相屬。

　　　　　　　　　　　　　　　　　　　　　──德雷莎修女

　　千萬不要小看自己的力量，每一個善意的念想與行動，都能成就幸福。

所需時間

　　約 10 分鐘，一週練習 1 至 3 次即可。

建議步驟

① 選擇一項社會公共議題，閱讀相關資訊進行了解。

② 閱讀時，留意有哪些心情和想法出現？客觀如實的接納它們。

③ 閱讀結束後，輕閉眼睛，在心中問自己：「我能夠如何幫助這個世界？」

④ 任由答案自然的從心中浮現，你可以重複問自己好幾次，允許每次有不同的答案，過程中，持續感覺自己的身心現象。

⑤ 當你感到滿意時，回顧心中的這些答案，在力所能及的範圍內分享你的善意。

貼心提醒

① 關心的議題可大可小，居住社區的議題、學校或公司的事、國內新聞乃至全球大事，都在選擇範圍內。

② 議題常常與權力不平等有關。有時候，了解的過程感受到自己也是潛在的受害者，這是很正常的。如果你願意，可以誠實而溫柔的接觸內心那些不舒服，同時也請記得適時緩一緩，好好照顧自己。

③ 浮現的答案可以非常多元，例如：調整自身對某個群體的態度、發送祝福給對方、資訊轉發、調整生活習慣與模式、消費選擇、志工參與、發起活動、贊助捐款。答案不需要全部實踐，選擇能力範圍所及的就已足夠好。

④ 當我們想要為這個世界做些什麼時，你有可能會發現，行動或許會跟自身利益或原本方便的生活產生一些衝突，例如：想要徹底落實環保餐具與購物袋的使用，但外出時往往不方便清洗，或換了包包就忘記帶。也歡迎你運用正念覺察這些細微的內心碰撞，以最能夠照顧自己的方式做出選擇。

練習

練習日期記錄

日期

請選擇 1 次記錄下來吧！

● 關心的議題

● 關心時，我的身體感覺、心情與想法

練習

- 我選擇的幫助方式

- 遭遇到的困難與衝突，以及因應方式

- 整體感想

本週回顧

一週練習後，有什麼心得與發現？

練習 52

正念計畫

　　恭喜你能夠堅持到這裡，一整年的正念練習，是多麼的不容易！讓我們用最後一個練習作一個總回顧，也替未來的正念生活，描繪一幅美麗的願景吧！

　　開始之前，先邀請注意力回到自身，呼吸幾次，觀察此刻的感覺與心情。歡迎將你覺察到的寫在這裡：

練習

請花一點時間，完成以下反思

● 在這本書所有做過的練習裡，印象最深刻的練習是

　這些練習中，我最喜歡和享受的練習是

　我看見自己這些練習中產生了什麼改變？

● 有些練習在之前跳過了，分別有

□　我預計在　　　　　　　　　之前完成它們

□　目前還沒有這個打算，未來再說

練習

- 未來的生活，我想保持規律的正念練習習慣，我會選擇

  ☐ 重複練習整本手札

  ☐ 重複某些練習

  我預計的練習頻率

練習名字	頻率

- 在書寫上面題目的過程中，當下的身心有什麼感覺、心情或想法值得記錄呢？

- 寫一小段勉勵與祝福，送給未來的自己吧！

══ 簡單的祝福 ══

曾經有一次，在一間極為忙碌的餐廳吃飯。裡面有位新手店員，對緊湊繁雜的工作內容顯得十分吃力，跟不上其他店員的反應速度。其他店員私下抱怨著、用不耐的口氣對他講話，有些客人也皺眉盯著他，而他則是低頭不語的努力做事。

當他在我的隔壁桌忙碌的時候，我默默的觀察他，雖然我幫不上任何忙，卻真心希望他能過得好。於是我在心中想：「祝福你今天接下來的工作都能順利、祝福你被他人接納、祝福你心情平靜。」

一個月後，我再次造訪了那間餐廳。我很開心的看到，這段期間他沒有被放棄，也沒有放棄自己。他依然用那慢半拍的速度努力著。雖然其他人對他還是挺兇的，但至少，我看他動作熟練些了。

我又再次默默的為他送上內心的祝福，這兩次祝福的起心動念，是因為他的處境令我聯想起多年前，我剛入職場之時，也曾清晰的感覺到工作環境之繁忙緊湊，幾乎逼得我喘不過氣，然而身為一個菜鳥，只能忍住身心的不舒適，盡力跟上。我多麼希望別人能免於經歷我當時的那些身心煎熬！

環顧四周，看了看其他老練的店員，他們一定也是這樣走過來的吧！此刻是用餐的尖峰時段，他們的內心或許正充滿著煩躁與緊繃，我能為這些人做什麼呢？於是我試著放下期待餐點快點送來的念頭，從容的做我自己的事情，而在餐點送上時，我看著店員的眼睛，真誠的說聲：「謝謝！」

半年之後，我再訪這間餐廳好幾次，已經看不到那位新

手店員。他，大概是離職了。從我內心稍感失落的心情裡，我發現自己曾有那麼一點期待，希望看見他順利的熬過來，成長、茁壯。我也曾反問自己，當初如果我不只是在內心裡祝福，而是當面對他說點鼓勵、打氣的話，他是否更有勇氣堅持下去呢？但換作是我，當下或許會感到很尷尬吧！甚至有種「自己無力的一面，都被顧客看見了」那樣丟臉的心情。於是我換個角度想：「我相信他從這段經歷中，更認識了自己，對於不適合的工作，他學習放手，即使人生路途不永遠順遂，他都在每段路程中，獲得寶貴的經驗。」

　　我用這段話，默默的在內心為他獻上最後一次的祝福。

後記：正念人生

隨著筆尖在這手札輕輕畫過的最後一道記號，一段旅程靜靜畫上句點。這不僅是文字的記錄，更是內心深處，一次次觸碰到生活本質的探索。在這本手札中，我們留下了每個正念的痕跡和心靈的觸動。

在閱讀、練習與執筆之間，我們學習活在當下，試著傾聽自己的呼吸、體驗身體的感受。隨著主題開展，你我一起回到初心、鍛鍊專注、只是存在、培養耐心、保持平等、試著接納、建立信任、練習放下、升起感恩、給予陪伴、學習溝通以及開放分享。這些簡單卻深刻的練習，大家應已體認到，正念其實是種日常生活的藝術，也是我們與世界相連的樞紐。

這段旅程，有點像自然的天氣，更像真實的人生，有時風光明媚，有時陰雲密布。正念的實踐，不只在於尋找快樂的瞬間，更在於面對困境時能保持平和與清晰的心境。

隨著這本正念奇蹟手札的結束，也許你已經發現，這既是一個終點，也是一個新的起點。手札的每一篇章都是你成長的見證，每一條記錄都是對未來承諾的種子。願你在未來的日子裡，繼續帶著這份寧靜與覺知，將正念的智慧融入生活的每一個角落，也可與身邊的人分享，讓這變幻莫測的世界，依然有邁向美好的可能。

　　最後，謝謝你願意開啟這本手札，與我們一同體驗這趟內心的旅行。願你在往後的日子裡，無論身處何方，正念都能伴你左右，開展深刻的覺知、活出幸福的人生。

　　願我們在正念的路上相遇，相伴，再次啟程。而下方也列出進一步學習資源供你參考。

　　再次感謝每一步，每一字，每一瞬。

　　衷心祝福～

	網站	臉書	LINE
台灣正念工坊			
今心學院			

註釋

* 一行禪師著（2017）。正念的奇蹟（何定照譯）。橡樹林。（原書出版於 1975 年）

[1] 體感泛指身體的各種感覺，例如：碰觸覺、震動覺、壓力覺、痛覺、溫度、本體感覺、運動覺、觸辨覺均包含在內。

[2] Killingsworth, M. A., & Gilbert, D. T. (2010). A wandering mind is an unhappy mind. Science. https://doi.org/10.1126/science.1192439

[3] 本練習參考以下資料：

(1) Jon Kabat-Zinn（2013）。正念療癒力：八週找回平靜、自信與智慧的自己（胡君梅、黃小萍譯）。野人。（原書出版於 2013 年）

(2) 溫宗堃（2009）。初期佛教的經行：兼論當代上座部佛教的行禪。福嚴佛學研究，4，141–168。

[4] 依據國民健康署的定義，「健康體能」四要素為心肺耐力、肌力與肌耐力、柔軟度及身體組成（身體脂肪百分比）。國民健康署（2021 年 06 月 11 日）。健康體能。https://www.hpa.gov.tw/Pages/List.aspx?nodeid=333。上述為運動的訓練目標，並非正念伸展的訓練目標，僅是可能的附加效益。

[5] 災難式思考：陷入對未來或未知的負面思考或恐懼循環。

[6] 覺察面向：

(1) 觸發原因：引發覺知三角及行為反應的原因，可能為內在或外在、已知或未知，例如「被批評」為已知的外在原因，「肚子餓」為內在原因，若「有覺察到」為已知，反之則為未知，基因、經驗或長期累積的習慣，是很難覺察到的未知內在原因（詳見練習 18「觀察情緒」、練習 19「念頭想法」、練習 20「生活事件觀察」）。

(2) 身體狀態：身體各種內、外在狀態，例如：表情、姿勢、動作、視覺、聽覺、嗅覺、味覺、觸覺及各種身體感覺（詳見有關五感、身體掃描、行走、伸展等各項觀察身體狀態的練習）。

(3) 心情感受：包括一閃而逝的情緒狀態或維持一段時間的心情（詳見練習 18「觀察情緒」）。

(4) 念頭想法：大腦的思考、認知、想像、分析、判斷、規劃、決策、聲音、影像等（詳見練習 19「念頭想法」）。

(5) 行為反應：包括外顯的行動、內在的行為或身體的生理反應，例如遇到威脅時的戰鬥、逃跑或僵化反應；內心抗拒或渴求某些感受或事物；身體器官、細胞組織、內分泌或各項功能的活躍或消退。長期累積生理反應，可能促進健康或引發疾病。

[7] 慣性模式（habitual patterns）：面對事物的內外在習慣性反應，時常是自動化、不假思索且一再重複，可能是外在行為，也可能是內在生理、情緒或想法的反應，或內在反應及外在行為同時發生。

[8] 本文參考以下資料：

(1) Minds Unlimited / Mindfulnessgruppen(2013, June 26). Jon Kabat-

Zinn 9 Attitudes of Mindfulness. [Video]. YouTube. https://youtu.be/
kANsRoYcaAo?si=n5lmZfMK95sIv4CX

(2) Saki F. Santorelli, Florence Meleo-Meyer, Lynn Koerbel (2017).
Mindfulness-Based Stress Reduction (MBSR) Authorized Curriculum
Guide. Jon Kabat-Zinn (MBSR program founder and creator of the
MBSR curriculum). Center for Mindfulness, University of Massachusetts
Medical School. Retrieved from https://www.tarkustekool.ee/wp-
content/uploads/2021/09/CFM-Teaching-UMass-MBSR-Curriculum-
Teaching-Guide-2017.pdf

(3) Jon Kabat-Zinn（2013）。正念療癒力：八週找回平靜、自信與智
慧的自己（胡君梅、黃小萍譯）。野人。（原書出版於 2013 年）

[9] 一行禪師（2004）。觀照的奇蹟（周和君譯）。橡樹林。（原著出版
於 1992 年）。

[10] 卡巴金博士的正念九態度之「Non-Judging」通常被翻譯為「不評判」、
「不批判」或「非評價」，以上翻譯在中文容易被誤解為「不可以判
斷（評價）」，但其原意為不論出現任何身心現象，都以客觀如實的
態度觀察它們。傳統禪修類似名詞為「捨心」，也稱「平等心」，其
意義包括平等觀察喜歡或不喜歡的內、外在經驗，故本處以「平等」
一詞取代「不評判」、「不批判」或「非評價」，但本手札仍可能視
上下文需要，使用上述字詞。

[11] 情緒的英文「emotion」字根「motion」源自拉丁文的行動「motere」，

字首「e」代表遠離，意指採取趨吉避凶的行動。

[12] 情緒依停留時間長短，分成以下四種：

(1) 情緒狀態：通常只有幾秒的時間。

(2) 心情：持續幾分鐘、幾個小時或幾天內都很一致的情緒狀態。

(3) 情緒特質或性情：長達幾年或一生，例如易怒或溫和。

(4) 情緒形態：對經驗的一致性反應，也是情緒的基礎單位，包括展望、自我覺識、回彈力、社會直覺、情境敏感度及注意力等六種向度，其傾向及組合，影響情緒狀態、心情和特質的表現。例如：和藹可親的人，對情境敏感度高、回彈力強、較能維持正向展望；神經質的人，逆境回彈較慢、展望較陰沉且負面、情境敏感度低、注意力較難聚焦。各向度的傾向可能來自基因或是基因混搭童年經驗而成，但可透過正念練習或其他訓練而改變。

[13] 情緒的命名，可以是最簡單的喜、怒、哀、樂、憤怒、恐懼、悲傷、嫌惡、輕視、驚訝、愉悅、尷尬、罪惡、羞慚，或其他更貼近自己感受的名稱。

[14] 本練習參考以下資料：

(1) Daniel Goleman（2016）。EQ：決定一生幸福與成就的永恆力量（張美惠譯）。時報。（原書出版於 1995 年）

(2) Richard J. Davidson, Sharon Begley（2013）。情緒大腦的祕密檔案：從探索情緒形態到實踐正念冥想（洪蘭譯）。遠流。（原書出版於 2012 年）

(3) Daniel Goleman（2003）。破壞性情緒管理：達賴喇嘛與西方科學大師的智慧（張美惠譯）。時報。（原書出版於 2003 年）

[15] Jon Kabat-Zinn（2013）。正念療癒力：八週找回平靜、自信與智慧的自己（胡君梅、黃小萍譯）。野人。（原著出版於 2013 年）

[16] Mark Williams et al.（2010）。是情緒糟，不是你很糟：穿透憂鬱的內觀力量（劉乃誌等譯）。心靈工坊。（原書出版於 2007 年）

[17] 一行禪師（2004）。觀照的奇蹟（周和君譯）。橡樹林。（原著出版於 1992 年）。

[18] 陳德中（2020 年 10 月 30 日）。想要減少壓力，取決於你如何看待「壓力源」。台灣正念工坊。https://www.mindfulnesscenter.tw/blog/what-is-the-relationship-between-stress-and-stressors?fbclid=IwAR2ANk_sCXvTcSDJik6sfVn4O2PBoNNyEh-uO1cPczdgtAPO3wHrbeSnfxU

詳細請參考：Viktor E. Frankl（2008）。活出意義來（趙可式、沈錦惠譯）。光啟文化。（原書出版於 1946 年）

[19] Jon Kabat-Zinn（2013）。正念療癒力：八週找回平靜、自信與智慧的自己（胡君梅、黃小萍譯）。野人。（原著出版於 2013 年）

[20] Bob Stahl, Ph.D.、Elisha Goldstein, Ph.D.（2012）。減壓，從一粒葡萄乾開始：正念減壓療法練習手冊（雷淑雲譯）。心靈工坊。（原書出版於 2010 年）

[21] 指以開發全新市場、創造獨特價值為主之商業策略。

[22] 指使用諸如惡性競爭、削價等方法。

[23] SIY 全名為 Search Inside Yourself，即「搜尋內在的關鍵字」。為 Google 內部開發的訓練。本手札監修者陳德中老師亦為 SIY 認證講師。SBNRR 練習詳細內容請參考：陳德中（2020）。正念領導力：以你為起點，打造高效、向心的卓越團隊。悅知文化。

[24] 魯米（2018）。萬物生而有翼：十三世紀哲學家詩人魯米的渴望與狂喜之詩（科爾曼・巴克斯（Coleman Barks）、萬源一譯）。自由之丘。（原書出版於 2005 年）

[25] Jon Kabat-Zinn（2013）。正念減壓初學者手冊（陳德中、溫宗堃譯）。張老師文化。（原書出版於 2012 年）

[26] Jack Kornfield（2018）。當下即自由（黃意然譯）。大好書屋。（原著出版於 2017 年）

[27] 本練習參考以下資料：

(1) Jack Kornfield（2018）。當下即自由（黃意然譯）。大好書屋。（原著出版於 2017 年）

(2) Jack Kornfield（2005）。原諒的禪修（橡樹林翻譯小組譯）。橡樹林。（原書出版於 2002 年）

(3) Tara Brach（2023）。全然慈悲這樣的我：透過「認出」「容許」「觀察」「愛的滋養」四步驟練習，脫離自我否定的各種內心戲（江涵芠譯）。橡樹林。（原書出版於 2019 年）

[28] 本文參考以下資料：

(1) Ma, L. K., Tunney, R. J., & Ferguson, E. (2017). Does gratitude enhance

prosociality?: A meta-analytic review. Psychological bulletin, 143(6), 601–635. https://doi.org/10.1037/bul0000103

(2) Komase, Y., Watanabe, K., Hori, D., Nozawa, K., Hidaka, Y., Iida, M., Imamura, K., & Kawakami, N. (2021). Effects of gratitude intervention on mental health and well-being among workers: A systematic review. Journal of occupational health, 63(1), e12290. https://doi.org/10.1002/1348–9585.12290

(3) Boggiss, A. L., Consedine, N. S., Brenton-Peters, J. M., Hofman, P. L., & Serlachius, A. S. (2020). A systematic review of gratitude interventions: Effects on physical health and health behaviors. Journal of psychosomatic research, 135, 110165. https://doi.org/10.1016/j.jpsychores.2020.110165

[29] 梁元齡（2023）。喬·卡巴金｜正念，與無能為力的疼痛和解。康健雜誌，296。https://web.commonhealth.com.tw/2023holistic-health/people/4.html?from=25index

[30] Jack Kornfield（2008）。踏上心靈幽徑——穿越困境的靈性生活指引（易之新、黃璧惠、釋自鼐譯）。張老師文化。（原書出版 1993 年）

[31] 一行禪師著（2017）。正念的奇蹟（何定照譯）。橡樹林。（原書出版於 1975 年）

筆記

筆記

筆記

國家圖書館出版品預行編目資料

正念奇蹟手札：覺察生活，寫出平靜與幸福的禮物書
／吳碧娟,施玟瑄,蔡佩真著;陳德中監修.——初版一
刷.——臺北市: 三民，2024
　　面；　　公分.——（Life）

　ISBN 978-957-14-7694-0　（平裝）
　1.靈修 2.生活指導

192.1　　　　　　　　　　　　　　112014219

[Ⓞlife]

正念奇蹟手札：覺察生活，寫出平靜與幸福的禮物書

作　　　者	吳碧娟　施玟瑄 (Odi)　蔡佩真
監　　　修	陳德中
責任編輯	楊雅涵
美術編輯	陳宥心

發 行 人	劉振強
出 版 者	三民書局股份有限公司
地　　址	臺北市復興北路 386 號 (復北門市)
	臺北市重慶南路一段 61 號 (重南門市)
電　　話	(02)25006600
網　　址	三民網路書店 https://www.sanmin.com.tw

出版日期	初版一刷 2024 年 1 月
書籍編號	S541600
I S B N	978-957-14-7694-0

🅰 三民書局

Before the beginning

Please write something about...

-
-
-
-
-
-

-
-
-
-
-
-

/跟著正念奇蹟手札，寫出幸福的自己。/

ONEOVERONE STUDIO X

After the end

Please write something about...

-
-
-
-
-
-

-
-
-
-
-
-

/跟著正念奇蹟手札，寫出幸福的自己。/

ONEOVERONE STUDIO X